大島 隆
Takashi Oshima

芝園団地に住んでいます

住民の半分が外国人になったとき何が起きるか

明石書店

芝園団地に住んでいます◎目次

第二章

ふるさと祭り――49

第三章

「もやもや感」の構造――91

第四章

中国人住民の実像――117

第五章

共生への模索――147

第六章

芝園団地から見る日本と世界――183

（年齢は取材当時のもの。写真は筆者撮影。一部敬称略）

芝園団地の地図

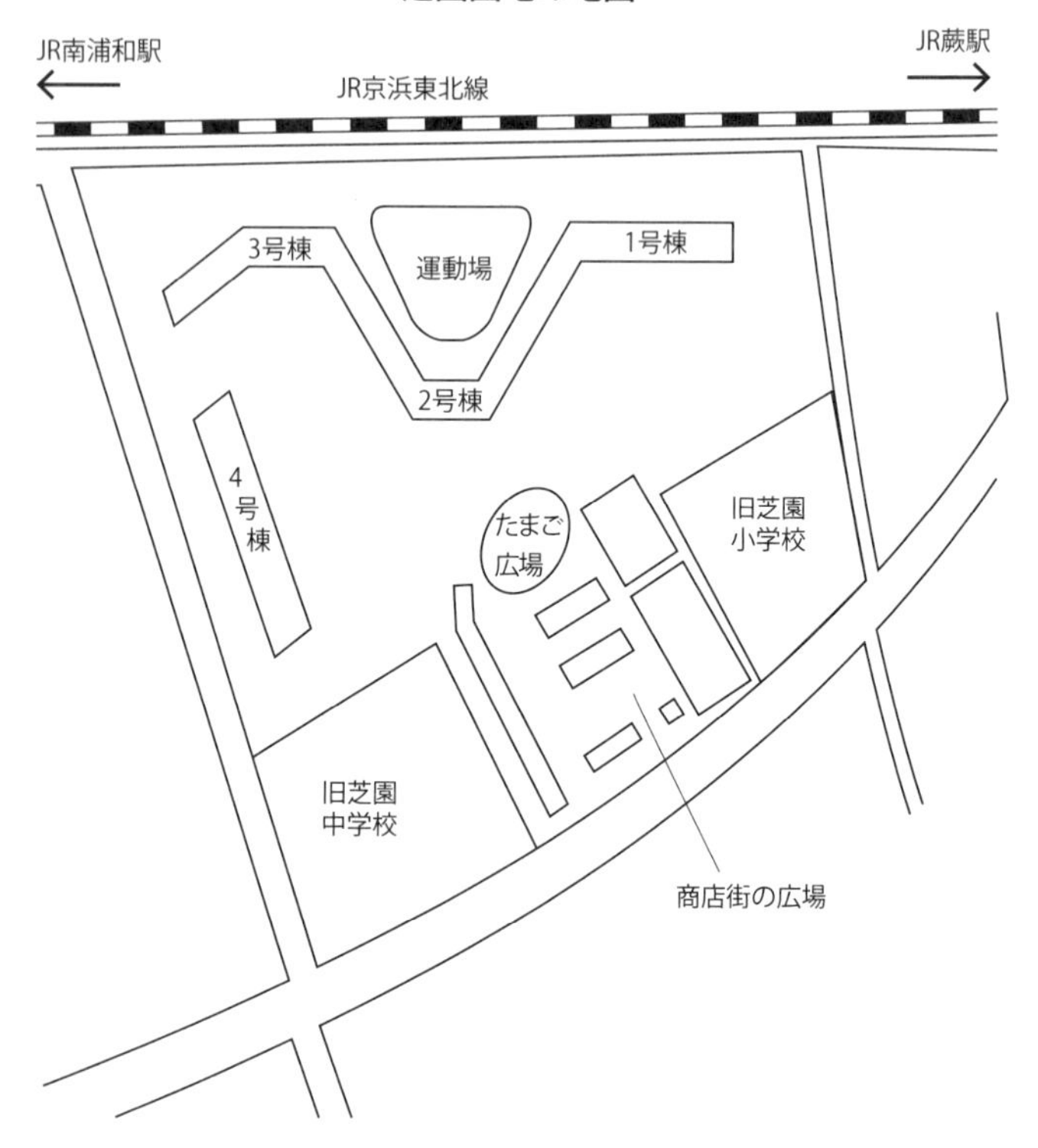
JR南浦和駅
JR蕨駅
JR京浜東北線
3号棟
運動場
1号棟
2号棟
4号棟
たまご広場
旧芝園小学校
旧芝園中学校
商店街の広場

プロローグ

芝園団地全景

紅葉が終わり、落ち葉が積もった敷地の中を歩いていくと、目の前に建物の入り口が見えてきた。まるで敷地を取り囲む巨大な壁のように、高くそびえ立っている。

少し前を歩いていた女性が、後ろを振り返って切り出した。

「ここは外国の方がかなり多いんですけど……。そういうのは、あまり気になりませんか？」

女性は、物件を案内してくれるUR賃貸ショップのスタッフだ。

「特に気にしませんから、大丈夫ですよ」

私が答えると、女性はほっとした表情を見せた。

「それならよかったです。そういうことを気にされるお客様もいらっしゃるので」

案内してくれた建物の入り口には、注意書きが貼られていた。

風が強いときはドアを閉めましょう！
风大时请将门关上！

ちょうど建物の改修工事の時期だったため、一階ホールの掲示板には、工事に関するたくさんの紙が貼られていた。そのすべてが、日本語と中国語で書かれている。

ここは埼玉県川口市の芝園団地。住民五千人弱のうち、半数余りが外国人だ。外国人住民のうち、ほとんどを中国人が占める。

芝園団地が完成したのは一九七八年。都心で働く人々の住宅不足を解消するために当時の日本住宅公団（現在のUR＝独立行政法人都市再生機構）が建てた、典型的な郊外の大規模団地の一つだ。

ただ、ほかの団地とは違うことは、最寄りのJR蕨駅を降りて歩き始めたときからわかる。駅から団地に向かって歩くにつれ、行き交う人々の会話に中国語が増えていくのだ。

団地の中に足を踏み入れれば、違いは一目瞭然だ。

私が初めて団地を訪れたのは、二〇一六年の一二月だった。

年の瀬の団地の広場には、木彫りの小さなサンタクロースの人形が、クリスマスツリーに見立てた電飾を囲むようにいくつも置かれていた。

「你好」

「こんにちは」

「和平（中国語で『平和』の意）」

つくったのは、地元の小学校に通う子供たちだろうか。人形に書かれた言葉には、日本語だけでなく、中国語もあった。

道路に面した団地の入り口から足を踏み入れると、小さな広場を囲むように十数の店が並ぶ、商店街がある。八百屋、食料品店、飲食店、保育園……。

　ほとんどの店の看板に、中国語が書いてある。食料品店の入り口には中国語の情報誌や新聞が置かれ、自販機には中国の缶飲料がある。

「こんな場所があったのか」。話には聞いていたが、実際に目にすると驚いた。いろいろな国でチャイナタウンを見てきたが、日本で、中国人がこれほどの規模で集まっている地域を見るのは、初めてだった。

　同時に、「思ったほど『荒れて』いないんだな」というのも、初めて団地を訪れたとき、頭に浮かんだことだった。

　そう思ったのは、事前にインターネットで調べたときの情報が、頭の中にあったからだった。「中国人に乗っ取られた」「ごみ落下注意」「マナーゼロ」……。ツイッター上にはこうした匿名の書き込みがいくつもあった。「芝園団地」と検索をした人は、さぞかし大変な場所だと思うだろう。

　実際に団地の中を歩いてみると、建物こそ古さを感じさせるものの、敷地の中は掃除も行き届いて、きれいに保たれていた。

　団地の中を歩きながら、不思議とわくわくするような気持ちがわいてきた。

　ここに住んでみよう。初めて訪れたとき、気持ちはすでに固まっていた。

東京都内の賃貸マンションに住んでいた私が引っ越しを考えた直接の理由は、お金を節約するためだった。米国の大学に進学する子供の学費を捻出するため、もっと家賃の安い場所に引っ越そうと思ったのだ。

ただ、引っ越し先に芝園団地を選んだのは、ちょっとした経緯があった。

二〇一五年末から、勤務している新聞社で「隣の外国人」という企画に携わったときのことだ。外国人との共生社会について読者と考えるという企画で、私は全体を取りまとめるデスクという役回りだった。

あるとき、「外国人が多い団地に実際に住んでみるのはどうだろう?」と思いついて調べたとき、芝園団地の存在を知った。いくつか外国人が多く住む団地の目星をつけたが、どこも勤務時間が不規則な新聞社の仕事では通勤が難しそうだった。唯一、通勤できそうだったのが芝園団地だったのだ。

さっそくURのウェブサイトで空き部屋を検索してみた。ところが、画面に出てくるのはこんな表示だけだった。

「申し訳ございませんが、現在のところ当サイトからご案内できる物件がございません」

その後何度か調べても同じ結果で、空き物件は一つも表示されなかった。

「中国人に人気で、空き部屋が出てもすぐに埋まるのかな」

結局、団地に住むというアイデアはそこで立ち消えとなった。

再び芝園団地のことを思い出したのは、二〇一六年秋に米大統領選挙を取材するため、米国を訪れたときだ。

投票日直前の一〇月下旬には、「ラストベルト（さび付いた工業地帯）」といわれる地域を中心に歩いた。オハイオ州の小さな町で開かれた選挙集会では、「メキシコ国境に壁をつくれ」と声を上げるドナルド・トランプに熱狂する人々の声を聞いた。製造業の工場が軒並み国外に移転して荒廃した町では、人々は現状への不満を口にし、トランプなら変化をもたらしてくれると期待していた。

そして一一月八日の投票日直後、もう一度米国を訪れた。

私は合計で一〇年近く米国に住んできたが、この当選直後のアメリカ社会の空気は、これまでに感じたことのないものだった。

ニューヨークのマンハッタンでは、路上や地下鉄の車内で、涙を流し、抱き合う人々を見かけた。米国の大都市はどこも民主党支持者が多いが、特にマンハッタンのようなところでは、トランプ支持者を見つけることすら難しい。人々は何が起きたのか理解できず、茫然自失していた。

一方、再訪したオハイオ州の小さな町では、トランプを支持した人たちが喜びを爆発させていた。「これは、この国の真ん中に住む俺たちの勝利だ」。私が話を聞いた白人男性の一人は、こう誇らしげに語った。その言葉には、単なる地理的な意味合いだけでなく、自分たちこそが本来、この国の真ん中にいるべきだという思いが込められていた。

この大統領選直後の米国で最も衝撃を受けたのは、選挙結果が出た直後から、全米のあちこちで移民やマイノリティへの嫌がらせや暴力事件が相次いだことだ。

それはあたかも、パンドラの箱が開いて、ふたをされていた米国社会の暗い部分が、一気に噴出したかのようだった。人種や宗教的なマイノリティへの問題発言を繰り返してきたトランプが大統領選に勝利したことで、「次期大統領が言っているのだから」という空気が生まれたのだ。

その影は、私の家族にも近づいてきた。

私たちの二人の子供は米国で暮らしている。母親はベトナムで生まれ、幼少のころに一家で難民として米国に渡ったアジア系米国人だ。

私たちは一〇年ほど日本で結婚生活を送ったが離婚し、彼女は故郷のニューヨークに戻った。同時に私たちの二人の子供も、アジア系の米国市民として、アメリカ社会で生きることになった。

米国では離婚した後も、同居していない一方の親が毎週子供に面会できるのが普通だ。私自身も勤めていた新聞社を一度退職して、幼かった子供たちがある程度成長するまで、ニューヨークで暮らした。

トランプの勝利が決まった翌日に現地入りした私は、高校生の長女とニューヨークの街を歩いたが、その表情は終始硬かった。

「見て」

私に渡したスマートフォンの画面には、「見知らぬ男に、通学途中に『自分の国へ帰れ』と言われた」という、アジア系の女子学生のフェイスブックの書き込みがあった。

このころ米国の各地で、白人優越主義者が行ったとみられる、ナチスのカギ十字の落書きが相次いで報告されていた。トランプの選挙スローガン「Make America Great Again（アメリカを再び偉大な国に）」にちなんで、「Make America White Again（アメリカを再び白人の国に）」という言葉が一緒に書かれているものもあった。

ニューヨーク市内でも、幼稚園のシャッターにカギ十字がスプレーで書かれているのが見つかった。

その場所は、子供たちが住んでいる場所から歩いて五分足らずのところにあった。幼稚園に通っている子供の多くは、アジア系だ。

米国の多様性を象徴するような都市であるニューヨークで、しかも自分の家族のすぐ近くまで、排外主義の影が忍び寄ってきていた。

取材を終えて日本に戻る機中で、米国で目の当たりにしたことを考え続けていた。

米国は移民国家であり、その多様性と、新たにやってくる移民を活力にして発展している国だ。その米国ですら、壁にカギ十字が落書きされるような社会に、あっという間になってしまうのだ。

日本でこれから、もっと外国人が増えたらどうなるのだろうか？　帰国してからも、その問いが頭の片隅に残り続けた。

一通り取材結果を記事にする仕事を終えた後、いよいよ引っ越し先を探さなければというときに思い出したのが、芝園団地だった。ツイッターで、こんな匿名の書き込みがあったことも頭に浮かんだ。

〈移民入れろーとか言ってる連中も、まずは自分らが率先して芝園団地などに住めってんだよ！っていつも思う〉

「あそこなら都内よりも家賃も安いだろう。どうせ引っ越すなら、あそこに住んでみようか」。もう一度ＵＲのウェブサイトで調べてみた。

結果は同じ、「ご案内できる物件がございません」という表示だった。

ただ、ウェブサイトには「店舗でお部屋探しのお手伝いをいたします」とも書いてあるのに気づいた。念のため、URの物件を扱う「UR賃貸ショップ」の最寄り店に電話をしてみた。

「物件はございますよ。ご案内もできますから、ぜひ一度お越しください」

電話に出た女性のスタッフが答えた。空き物件はあるのだ。早速予約をして、数日後にURの賃貸ショップに行って物件を見せてもらった。それが、二〇一六年一二月のことだった。

スタッフが案内してくれた部屋は、真っ白な壁にフローリング風の床の、こぎれいな1LDKだった。外観から想像していた「古い公団住宅」のイメージとはだいぶ違う。聞いてみると、古い間取りの物件を順次改装しているのだという。

「昔の間取りの物件もありますが、皆さんリニューアルされた部屋を選びますよ」とスタッフも勧めてくる。

家賃は七万七二〇〇円。思ったほど安くない。

それでも、引っ越し前よりは家賃はだいぶ下がるのだから、よしとしよう。そう自分に言い聞かせて、「契約します」と伝えた。

年が明けた二〇一七年一月、私は芝園団地に引っ越してきた。

実際の生活は、想像していた以上に新たな出会いと発見のある毎日だ。同時に、答えが見つからない難問に直面する日々でもある。

日本人と外国人が同じ場所で暮らすとき、何が起きるのか。

住民には、どのような感情が生まれるのか。

そこで起きること、芽生える感情に対して、どうすればいいのか。

これは、そんなことを問いかけながら芝園団地で暮らす、一人の住民の記録だ。

第一章 一つの団地、二つの世界

団地の中心部にある「たまご広場」で遊ぶ親子

二〇一七年一月、芝園団地での生活が始まった。見えてきたのは、中国人住民の増加と日本人住民の高齢化で、急速に変化をしていく団地の姿だ。

新たなチャイナタウン

二〇一七年一月、都内の賃貸マンションを引き払い、川口市の芝園団地に引っ越してきた。部屋に荷物を運びこむ前に、最初に管理事務所を訪れた。部屋の鍵を受け取るためだ。

窓口では、一人の女性が職員に話しかけていた。

「あそこで漏れているのは間違いないのに、絶対に認めないいんだから」

どうやら上の階の部屋からの水漏れのようだ。職員は対応に困って、相槌(あいづち)を打ちながらもなんとか終わらせようとしているようだったが、女性の苦情は終わる気配がない。

もう一人いた男性は、職員から入居にあたっての注意事項の説明を受けていた。やりとりから察するに、中国人のようだ。こちらは数分で終わり、自分の順番が来た。職員の女性の説明は、三分ほどだった。

「古い建物で音が響くらしいので、騒音には十分注意してください」

「水漏れは当事者同士で解決していただきます。URは一切関与できませんので、そこをあらかじめご了解ください」

そんなに古いのか……。少し心配になりながら、鍵を受け取って自分の部屋がある棟に向かった。

昭和の時代にできた郊外の団地というと、いかにも古めかしいイメージだ。芝園団地も一九七八年に完成した古い団地だけに、その外観は年季が入っている印象は否めない。

筆者が住んでいる芝園団地の部屋

団地は一号棟から一五号棟まである。そのうち私が住むのは、一番奥にある棟だ。

エレベーターで自分が住む階まで上がり、改めて建物の中を見回してみる。長い廊下に鉄製のドアが並ぶ様子は、確かに古い団地らしい昭和の風情がただよっている。ただ、部屋の中は昔の団地のイメージとは全く違う。床や壁紙だけでなく風呂やトイレ、キッチンなどの設備も新品の、全面改装された洋室だ。

URは昭和の時代に建てられた団地を中心に、古い団地の部屋の改装を進めている。この物件もその一つで、もともと2DKの和室を改装したものだった。のちに

「朝日新聞GLOBE」で記事を書いたときに自室の写真を載せたところ、昔から団地に住む何人かの住民から「あんなにきれいな部屋なの？」と驚かれることになった。

実際、住み始めても特段の不都合は何もなかった。隣や上の部屋から生活音はするが、これまで住んでいた場所と比べて、特段気になるほどではない。

唯一閉口したのは、向かいの棟の屋上にハトの群れが住み着いて、こちらの棟の部屋のバルコニーにやってきて巣を作ろうとすることだった。そういえば、部屋の案内をしてくれたとき、UR賃貸ショップのスタッフがバルコニーをのぞいて、「ハトは大丈夫みたいですね」と確認していたのを思い出した。

しばらくは、朝になるとやってくるハトとの攻防が続いたが、バルコニーの手すりに釣り糸を張り、ハトがとまれなくなるようにすると、ようやく来なくなった。

引っ越してちょうど一週間後が、中国の旧正月（春節）だった。

団地でも、旧正月を祝うイベントがあったり、ことによっては広場で爆竹を鳴らしたりするのかも、と頭によぎったが、団地の中は拍子抜けするほど静まり返っていて、いつもと全く変わらない日々だった。

事前にある程度予想はしていたが、特段何事も起きることはなく、日常は淡々と過ぎていった。

ただ、生活の中で、中国人やそのコミュニティの存在を意識する機会は折に触れてあった。団地の中を行き交う人々の会話は、日本語よりも中国語のほうが多く聞こえる。特に若者や小さな子供を連れた夫婦は、ほとんどが中国人だ。

郵便受けには時折、中国人向けのチラシが入ってくる。不動産業者、車のディーラー、住宅ローン、飲食店などさまざまだ。生活者としての中国人相手のビジネスが、拡大していることをうかがわせる。

私はかつて、ニューヨーク・クイーンズのヒスパニックが多い地区に住んでいたが、そこでの生活を思い出した。

もともとはイタリア系やギリシャ系が多く住んでいた地域だが、中南米の移民が増えて、聞こえてくる言葉や店の看板は、圧倒的に英語よりスペイン語のほうが多かった。休日、アパートには宗教の勧誘がしばしばやってきて、ドアを開けるとスペイン語で話しかけてくる。私が英語しか話せないとわかると、向こうはあいまいな笑みを浮かべて静かにドアを閉じる。そんな場所だった。

団地が相当なスピードで変化していることをうかがわせるのが、商店街の構成だ。

商店街でも、「メインストリート」といえる一角が、七つの飲食店や商店が横一列に並ぶ場

芝園団地の商店街。
中国の飲食店や食料品店が並ぶ

所だ。

私が入居したとき、すでにこのメインストリートは、日本人経営よりも中国人経営の店のほうが多かった。さらに、入居して一年足らずの間に、日本人経営の食堂と酒店が相次いで店をたたんだ。空き店舗にはその後、中国人経営の中国料理店と肉や魚を売る店が入った。

団地の中だけではない。周辺を歩くと、中国人向けに新たにオープンした店がいくつもある。中国食材などをそろえた食料品店、美容室、不動産店、若者向けのカフェ。観光地となっている横浜の中華街とは違う、リアルな「チャイナタウン」が、芝園団地を中心に広がりつつある。

自治会に入る

引っ越して二週間ほどが過ぎたころ、「とりあえず、自治会に入っておこう」と思い立ち、自治会事務所を訪ねてみた。

一五号棟の一階にある事務所のドアを開けると、薄暗い部屋の中で、男性が一人で作業をしていた。

「最近引っ越してきたので、自治会費を納めに来たんですが」

「今日は事務所は休みだけど、まあ、どうぞ」。対応してくれた男性は、自治会長の韮澤勝司さん（七二）だった。

年間三千円の自治会費を月割りで払い、事務所の中を見渡した。市の広報誌などさまざまな資料が積まれている中に、中国語教室の案内があるのが目に留まった。

「これ、エレベーター横の掲示板にも貼ってありましたけど、中国語の教室があるんですか」

「ああ、ここは中国人が多いからね。中国語教室といっても、簡単な挨拶くらいを覚えておこうってことだよ。こんにちはとか、お子さんいくつですかとかね。よかったら来てくださいよ」

中国語は学生時代に学んだが、働き始めてからは使う機会がなく、すっかりさび付いていた。

さっそく翌日、団地の公民館で開かれた教室に顔を出してみた。

開始時間の一〇分ほど前に部屋に入ると、すでに二〇人以上の人で、ほぼ満室だった。教室を企画したのは、大学生のボランティア団体「芝園かけはしプロジェクト」と自治会だった。

学生たちは芝園団地で、日本人と外国人や、日本人のお年寄り同士の架け橋となるような交流の取り組みを続けているのだという。

引っ越してきたばかりなので、知り合いは誰もいない。隣に座った高齢の男性に話しかけると、同じ棟に住んでいるということだった。部屋の中にいる多くは、この「かけはしプロジェクト」の大学生や自治会の関係者のようだった。男性は、「団地の住民がいねえじゃねえか」とつぶやいた。

この日は第一回の中国語教室ということで、参加者が一人ずつ自己紹介をした。一〇人ほど挨拶をした日本人住民のうち四人は団地の住民ではなく、近くに住んだり、働いたりしている人だった。商店など、仕事で中国人と接する機会があるのだろう。「必要に迫られてきました」という人もいた。自治会の役員を除くと、団地に住む日本人住民は自分も含め三人、教える役として参加した中国人住民は二人だった。

教室が始まるとグループに分かれ、数字や挨拶といった、基本的な中国語の発音を練習した。私たちのグループで教えてくれたのは、大連出身の埼玉大学院生だった。団地住民の参加者は思ったよりも少なかったが、学生たちは皆明るく、参加者も楽しんでいる雰囲気だ。

初めての中国語教室ということで、部屋の中には地元のテレビや新聞の記者も何人かいて、終わった後も学生や参加者に取材をしていた。

部屋を出たところで、廊下にいた記者の一人が話しかけてきた。私が引っ越してきたばかりだと伝えると、少しためらいがちに聞いてきた。

「ネットではいろいろ書かれていますよね。騒音とか、実際には気にならないんですか?」

「引っ越す前に住んでいたところと、そんなに変わらないですよ。特に騒音が気になるということはないですね」

雑談をしながら、やっぱりネット上の情報を見れば悪いイメージを持つだろうなあ、と改めて考えた。

帰り際にもう一人、声をかけてきた若い男性がいた。

「最近引っ越してきた方ですよね。自治会活動に参加しませんか?」

「この間事務所に行って、会費は払いましたよ」と答えると、どうやら役員をやらないか、という趣旨のようだった。どう答えていいかわからないでいると、そばにいた韮澤さんが「この人はまだ引っ越してきたばかりなんだから」と男性を軽くたしなめた。

声をかけてきたのは、自治会の役員をしている岡崎広樹さん(三五)だった。後でわかったことだが、岡崎さんは学生と一緒に日本人と外国人住民の交流に取り組んでいる、中心的な人物だった。

後日、二度目の日本語教室で会ったときも、岡崎さんは「自治会の会合があるので、一度参加してみませんか」と声をかけてきた。自治会役員も高齢化が進んで、人手が足りないのだという。どういうことをやるのか聞いてみると、自治会が主催する催しの準備が主な仕事だという。

自治会活動などやったことがないし、仕事があるのでどれだけ携われるかも心配だ。一方で、役に立てることがあるなら手伝いたいという気持ちもあったし、自治会の活動を通じて、この団地のことをもっとよく知れるかもしれない、とも思った。

結局、後日改めて韮澤さんと岡崎さんから話を聞き、「自分が手伝える範囲であれば」ということで、自治会の活動を手伝うことになった。

引っ越してから三か月後の二〇一七年四月、自治会の総会が団地の集会室で開かれた。会員の参加者は二〇人ほど。皆、高齢の日本人だ。私はほかの役員と顔を合わせるのも初めてで、何もわからないまま一緒に皆の前に立ち、新体制が拍手で承認された。

決算報告などの議事が淡々と進んでいく中、話題になったのが自治会員の減少だった。団地にはおよそ二五〇〇世帯が住む。かつては大半の世帯が自治会に入っていたが、この時点で加入者は四七〇世帯という報告だった。自治会費は年間三千円だが、加入者が年々減ってきているので、自治会の財政事情も必然的に、年々苦しくなってきていた。

五百世帯未満の会員のうち、外国人は二三世帯だ。五千人弱の団地住民の半数以上が外国人だが、ほとんどは自治会に入っていないことになる。

「芝園かけはしプロジェクト」の学生も、前年度の活動報告をした。日本人と外国人住民の交流イベントを紹介し、今年度は外国人居住者向けの生活パンフレットの作成などを考えている、という話があった。

学生との質疑応答の場で、一人の日本人男性が声を上げた。

「とにかく自治会員が減っているのをなんとかしてほしい。よろしくお願いします」

「かけはしプロジェクト」は自治会とは別団体だし、学生たちは団地に住んでいるわけではないから、そもそも自治会員でもない。

学生に頼むのは酷だろう、と思っていると、岡﨑さんが「まさに皆さんで一緒に取り組む問題です」と引き取った。

あまり深く考えずに引き受けてしまったが、どうやら課題は山積みのようだ。

総会の後、役員ごとの担当を割り振り、二〇一七年度の新体制がスタートした。

会長は七二歳の韮澤さん。前年までは事務局長を務めていたが、前会長が急逝したことを受け、会長を務めることになった。

団地に長く住む日本人住民は、もともとは地方出身で、首都圏でサラリーマンとして働いていたという人が多い。韮澤さんの経歴も、こうした典型的な団地住民像と重なる。新潟県出身で、新潟に生産拠点がある重機メーカーの東京本社に勤めた。結婚を機に芝園団地に住み、ここで三人の子供を育てた。子供たちは成長して団地を離れ、いまは夫婦二人で暮らしている。

事務局長に新しく就任したのは、岡崎さんだ。三五歳と、自治会役員の中では群を抜いて若い。

自分自身も埼玉県内の団地で育ったという岡崎さんは、三井物産に勤めていたころ、欧州での勤務などを通じて日本人と外国人の関係について考えるようになったという。三井物産を退職して入った松下政経塾で学んでいるころ、研究の一環として芝園団地に住み、自治会の役員を務めて団地の課題に取り組むようになった。結局、松下政経塾を修了した後も住み続け、団地での生活はこのとき四年目に入っていた。

外国人住民との交流や共生の取り組みで、中心的な役割を担っているのが岡崎さんだ。学生たちの「かけはしプロジェクト」も、岡崎さんが各地の大学で声をかけた学生が、芝園団地を訪れたのが始まりだった。現場での経験に基づく彼の言葉には説得力があり、学生からも住民からも頼りにされていた。

役員の中でもう一人、私が団地のことをいろいろ教えてもらうことになる人物がいた。福島芳江さん（七〇）だ。

団地が完成した年から住んでいる古参住民で、自治会の活動にも三〇年ほど携わっている。民生委員など、ほかにもいくつかの役職を引き受けていて、団地の中で顔が広い。東京の下町出身で、べらんめえ調の明るい性格だ。

団地の商店街にある喫茶店「のんのん」の真ん中の席が、福島さんの指定席だ。しばらく顔を見せないと、常連客や店のスタッフから「どうしたんだろうね」と言われるほど、ほぼ毎日来ている。日本酒が好きで、「おーい、水ちょうだい」というのが追加注文の合図だ。

福島さんもまた、「かけはしプロジェクト」の学生の面倒をよく見て、このころは交流のイベントには必ず参加していた。ただ、それは自分の孫ほどの年頃の学生たちのためであって、外国人住民との交流自体に積極的というわけでは、必ずしもなさそうだった。

このころ、自治会は外国人住民との交流を進めていこうという大きな方向性を打ち出していた。しかし、役員の間でも外国人住民との関係については、考え方に相当の開きがあることが、徐々にわかっていった。

役員は合計で九人。私は防災・防犯部長と、団地の美化やごみの問題を担当する環境部長を担当することになった。かつては三〇人以上いたという自治会役員だが、引き受ける人が少なくなり、いまでは一人でいくつもの役職を引き受けないといけないのだ。

とはいえ、引っ越してきたばかりで右も左もわからない状態だ。防災や環境関連の催しも実務はベテラン役員が担い、私は準備のときに重い荷物を運ぶといった力仕事を手伝いながら、少しずつ団地と自治会のことを学んでいった。

高齢化する日本人住民

「外国人が多い団地」として知られる芝園団地だが、実際に住み始めてみると、日本人住民の高齢化という、もう一つの特徴も見えてきた。

団地の中にある喫茶店「のんのん」は、長年この団地に住む住民の憩いの場だ。自治会役員の福島さんのように毎日やってくる常連客もいれば、団地のクラブ活動でテニスやソフトボールを楽しんだ後に、ビールでのどを潤すグループもいる。

この「のんのん」は、日本人住民の交流の場であると同時に、情報の交差点のような場所でもある。ここに来れば、団地の日本人コミュニティで何が起きているか、だいたいわかるのだ。「あそこに新しい店ができるらしい」といった情報から団地内で起きたトラブルまで、さまざまな話題が行き交う。その中で気づいたのが、「○号棟の○○さんが亡くなった」といった話がやはり多いことだ。自治会長の韮澤さんは、「孤独死が結構あるんだよ」と教えてくれた。

実際に、団地の中を歩くと、日本人住民は圧倒的に高齢者が多いことに気づく。

東京郊外にあるURの賃貸住宅は、戦後の高度成長期に首都圏で働く人々の住宅が不足したことを受けて建てられた。芝園団地も、こうした東京郊外のマンモス団地の一つだ。

ちなみに、郊外の古いURの賃貸住宅は県営や市営住宅と混同されるときがあるが、URの賃貸住宅は、原則として一定以上の収入があることが入居の条件となる。

私が借りている八万円弱の部屋の場合、単身であれば二五万円、家族であれば約三一万円以上の平均月収が申し込みの条件だった。もし平均月収がこれより少ない場合は、家賃を一年分以上前払いするなどの条件をクリアすることでも、借りることはできる。

芝園団地がある土地は、もともと鉄道車両を製造する「日本車両」の製造拠点だった土地だ。日本で最初に走った新幹線も、ここで製造された。

ここに芝園団地がつくられ、住民が住み始めたのが一九七八年。大友克洋の漫画『童夢』のモデルになった場所としても知られている。

かつての公団住宅には、先進的な住まいというイメージがあったという。

芝園団地も申し込みが定員を上回って抽選となった。住民が「自分の棟は倍率が何倍だった」と話すときは、どこか誇らしげだ。家賃も、当時の水準としては決して安いものではなかった。住民によると、当時の埼玉県内の公団の賃貸住宅の中では、最も高い家賃水準だったという。

入居したほとんどが若い世帯で、東京に通勤する会社勤めの人たちが多かった。子供たちも多く、団地の完成と合わせて、同じ敷地には幼稚園から小学校、中学校まで新たにつくられた。団地の中にある商店街には、スーパーマーケット、書店、郵便局、銀行、肉や魚の小売店、クリーニング店、酒屋などが並び、生活に必要なものは一通りそろった。

子供たちが遊べる広場や噴水、集会所、診療所もつくられた。体育館を併設した公民館や運動場まであり、こうした施設を使った住民のスポーツや文化活動も盛んだった。

ただ、東京郊外の大型団地の多くが一九六〇年代にできたのと比べると、芝園団地が完成した時期は遅かった。完成翌年の一九七九年には第二次オイルショックがあり、高度成長期は終わりにさしかかっていた。完成時には抽選になるほどの人気だった団地だが、川口市の人口統計によると、五年後の一九八三年をピークに、早くも団地がある芝園町の人口は減少に転じている。[*1]

賃貸住宅のため、やがて持ち家を購入するなどして引っ越した住民がいる一方で、それを埋めるだけの新たな入居者数がなかったことになる。

賃貸のため、子供が相続して住むこともない。子供たちは独立してほかの場所に居を構えるため、孫の世代の小さな日本人の子供を団地で見かけることは、めったにない。

団地の完成からおよそ四〇年。当時三〇代だった住民が、いま七〇代になっている計算だ。URの賃貸住宅について国土交通省やURは、大都市の中堅勤労者層向けの住宅供給という当初の役割を終え、高齢化と低所得化が進んでいると分析している。[*2]

外国人住民が過半数に

一方、減り続ける日本人住民に代わって一九九〇年代から増えたのが、中国人を中心とする外国人住民だ。

芝園団地がある川口市芝園町は、二〇一五年一一月に日本人住民と外国人住民の割合が逆転した（図1－1）。私が入居した二〇一七年一月時点では、人口構成は次のようになっていた。[*3]

日本人　二四四八人（四九・六％）
外国人　二四九一人（五〇・四％）
合計　　四九三九人

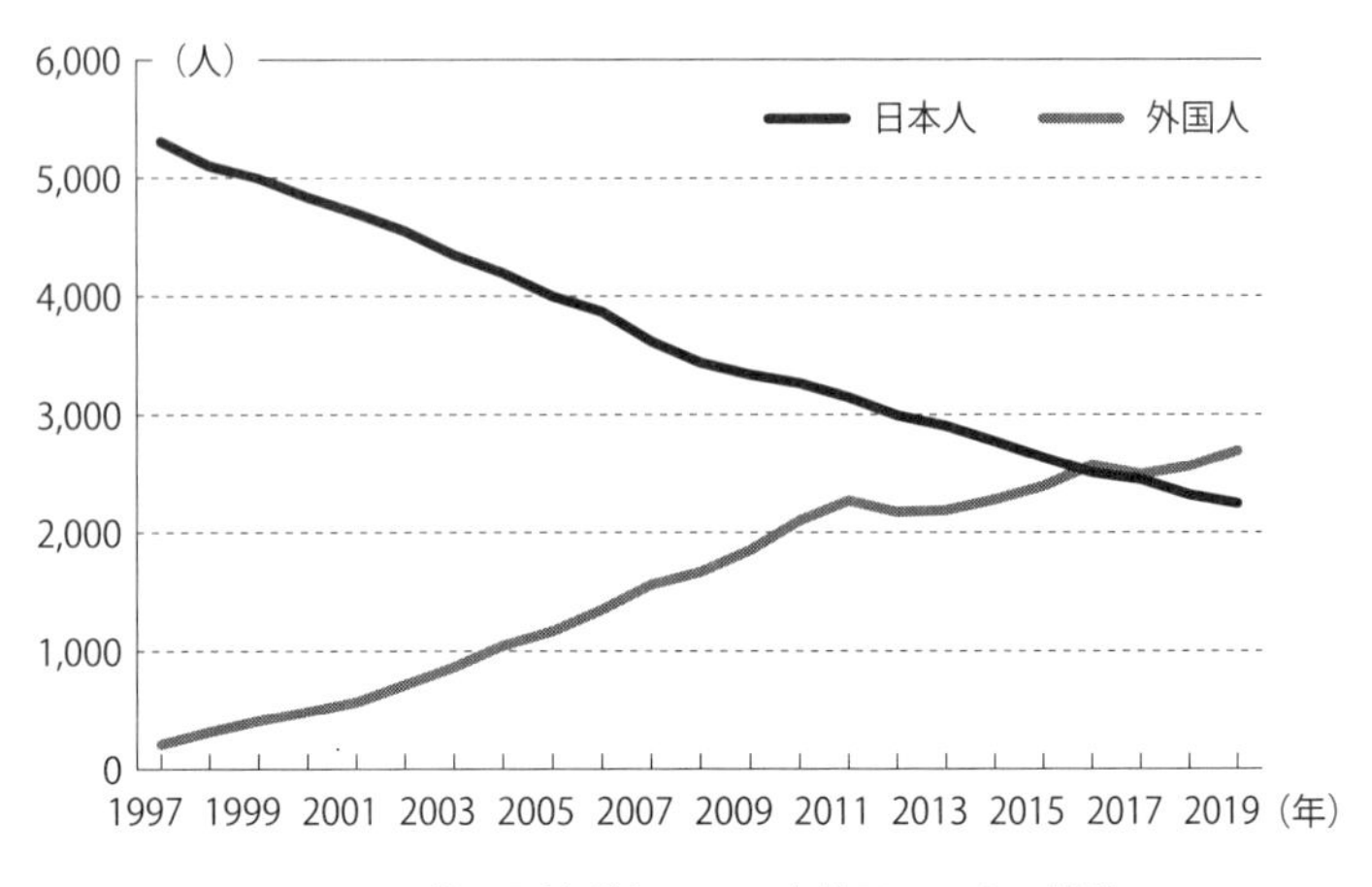

図1–1　芝園団地がある川口市芝園町の人口推移

出典：川口市の人口統計

芝園町は、芝園団地（二四五四戸）が町内の大半を占め、ほかは隣にある分譲マンション「芝園ハイツ」（二一七戸）と数軒の住宅があるだけだ。このため、芝園町の統計が事実上、芝園団地の住民構成の傾向を示しているといってもいいだろう。

五千人といえば、小さな町や村と同じくらいの規模だ。外国人が半数を占めるこれほど大きなコミュニティは、全国でもこの芝園団地と、日系人の多い愛知県の保見団地や知立団地くらいだ。

ただ、普通に生活をしていると、中国人住民と接する機会は実はあまりない。

そんな中で、私が多くの中国人住民と出会う場になったのが、団地の中にある公民館で毎週日曜日に開かれている「芝園日本語教室」だ。

川口市や蕨市、さいたま市など周辺に住むボランティアの人々によって運営されている教室は、二〇一六年秋にスタートした。当初は学習者が集まらなかったが、自治会の協力で団地の掲示板に張り紙をしたところ、今度はボランティアが足りなくなるほど多くの外国人がやってくるようになった。そこで私も、川口市が開いている「日本語ボランティア入門講座」を受講して、教室を手伝うようになったのだ。

やってくる外国人のうち、八割ほどが中国人だ。彼らの日本語学習を手伝っているうちに、芝園団地に住む典型的な中国人住民像が見えてきた。

話には聞いていたが改めて実感したのが、プログラミングの仕事をするIT技術者の多さだ。日本語教室という性格上、来日したばかりという住民が多い。最も多い二〇代から三〇代の男女の場合、ほとんどがIT技術者か、その配偶者といってもいいくらいだ。彼らは中国の大学で理系の学部を卒業しており、「技術・人文知識・国際業務」という在留資格で日本に住んでいる。

彼らの多くはIT技術者を派遣する企業に所属しており、派遣先の企業でシステム開発やメンテナンスといった仕事をする。芝園団地は都内の勤務先に通うには交通の便がいい。来日したばかりで家を探すことが難しい人のために、会社が部屋を借りて、寮として部屋を提供しているケースもある。

団地に住む中国人は単身者もいれば夫婦もいるが、いずれも二〇代から三〇代の若い中国人が大半だ。来日したばかりの人を除けば、働いている人はある程度の日本語は理解できる人が多い。外国人が多く住む団地などでは、言葉が通じないことが問題になることが多いが、芝園団地の場合は、この言葉の壁が相対的に低いことは、特徴の一つだ。

意外だったのは、団地の中では中国人の高齢者も見かけることだ。

日中、小さな子供を一緒に連れて歩く姿や、団地の中心部にある通称「たまご広場」に集まっておしゃべりをしているグループをよく見かける。働いているわけではなさそうだ。銀座で買い物をしているような中国人旅行客とは違い、地方からそのままやってきたような、どちらかといえば素朴な風情の高齢者が多い。

「この人たちは日本で何をしている人たちだろう?」と最初は不思議だったが、そのうちにわかった。彼らは孫の面倒を見るために、中国からやってきているのだ。親族訪問の短期滞在ビザで九〇日間まで滞在できるので、夫の父、夫の母、妻の母……といった具合に、交代で来てもらう家庭もあるという。このあたりは、距離が近い日本と中国だからこそできることだ。

交わらないパラレルワールド

二か月ほど住むと、団地の状況がある程度見えてきた。

実際に住んでみてわかったことの一つは、最初に訪れたときの印象通り、ここがネットであれこれ書かれているほど「荒れた」団地ではないということだ。

自治会長の韮澤さんによると、確かに以前はごみ出しの分別ルールが守られなかったり、バルコニーからごみやたばこが捨てられたりといった問題や、騒音をめぐるトラブルが多かったという。

団地の敷地内やごみ収集所の清掃は、URの関連会社に委託されている。韮澤さんは「清掃を担当する人たちは、相当切ない思いをしたと思うよ。分別しなおさないといけないごみもあったからね」と語る。

トラブルが減ったのは、ここ数年自治会やURが続けてきたさまざまな取り組みが、ある程度成果を上げているからではないか、というのが韮澤さんたちの見方だ。

二〇一一年には自治会がUR、川口市役所との三者協議を開いて対応策を協議。翌年から、管理事務所に中国語を話す職員が配置された。URが敷地内や各棟の掲示板に張り出す、各種の注意書きやお知らせも、日本語と中国語が併記されるようになった。各棟にあるごみ収集所にも、分別の方法が日本語と中国語、英語の三か国語で書かれている。

二〇一三年には、中国人住民との交流を目的とした初めてのイベント「ニーハオ芝園フェスタ」が商店会の主催で開かれた。二〇一五年からは、学生たちの「かけはしプロジェクト」と自治会による、交流の取り組みも続けられている。

もちろん、すべての問題が解決されたわけではない。広場の前にある棟の住民からは、いまも「中国人の子供が夜遅い時間まで遊んでいてうるさい」という訴えを聞くことがある。

ごみ収集のシールが張られないまま、ごみ収集所周辺に放置されている粗大ごみも、未解決の問題だ。日本人住民は「中国人住民が増えてから、粗大ごみの放置が増えた」と訴える。一方、外部から粗大ごみを持ち込む車が目撃されたこともあり、すべてが中国人住民というわけではない。

トラブルが全くなくなったわけではないが、少なくとも昔よりは状況が改善されていることは、間違いないようだ。韮澤さんはこう語る。

「やっぱり、前よりはよくなったんじゃない。マナーが全般によくなったということは言えるんじゃないかな。日本人への接し方を心得てきたということじゃないかね。日本人もある程度許すようなところもあるだろうし。両者の意識の差が狭まってきたという感じだよね。中国人はこう、日本人はこうと両方突っ張っていてもしょうがないところがあると思うんだよな。両者が歩み寄ってきたということだよね」

岡崎さんも、以前との違いをこう比較する。「昔から住んでいる住民の方々の話を総合すると、外国人住民が増えたことによって、いままで起きていなかった問題が起きたのは事実のようです。ただ今は、以前よりよくなったよねという人は多いです」

総じていえば、日本人住民と中国人住民は、一見深刻な対立を抱えることもなく、一つの団地で共に暮らしているように見えた。

一方で、住み始めて徐々に気づいていったことがあった。

日本人と中国人は、ほとんど接触がないのだ。それはあたかも、一つの団地に交わらない二つの世界、パラレルワールドがあるようだった。

たとえば、団地の商店街にある飲食店だ。

多くの日本人住民にとっての憩いの場となっている商店街の喫茶店「のんのん」だが、客のほとんどは日本人で、中国人の住民を見かけることはめったにない。

一方、広場を挟んだ喫茶店の向かい側には、中国人経営の中国料理店が並ぶ。だが、これらの店に入ったことがあるという日本人住民もまた、私が知るかぎりごく一部だ。聞いてみても、

「私たちの口に合わなさそう」「清潔かどうかわからない」といった答えが返ってくるだけだ。

言語や文化の違いだけではない。そもそも世代や生活スタイルも、高齢の日本人住民と若い中国人住民では、大きく異なっている。同じ年頃の子供がいるわけでないので、子供を通じた交流も生まれない。

団地の中心にある「たまご広場」では、休日ともなれば大勢の中国人の子供たちが遊び、その周りで中国人の親や祖父母たちが輪になって談笑している。広場の周辺では、日本人住民もベンチに座っているときがあるが、お互い距離を置いていて、日本人と中国人が話している場面は見たことがない。

もともと、賃貸住宅で住民の入れ替わりが多い芝園団地は、近隣の地域と比べても地域社会のつながりは希薄だ。日本人同士ですら、都会の賃貸住宅に住んでいれば、隣近所との付き合いはないのが普通だ。そこに言語や文化、世代や生活スタイルの違いが重なって、日本人住民と中国人住民の距離は、さらに遠いものになっている。

「共生」とは、文字通り「共に生きる」ということだ。そこには、異なる者同士がつながり、協力して生きていくという含意があるはずだ。

一つの団地に、大きなトラブルもなく暮らしているという意味でいえば、団地の日本人住民と中国人住民は、「共存」はしているかもしれない。

だが、これは「共生」とは違うのではないか。そんな思いを抱くようになっていった。

団地の光と影

もう一つ見えてきたのが、この団地の実像は、一方向からの視点だけで見えてくるほど単純なものではないということだ。

ネット上にある芝園団地のネガティブな情報（そしてこうした情報のほとんどは匿名だ）がつくりだす団地のイメージは、少なくともいまの団地の姿とはかけ離れたものだ。

一方で、一人の団地住民として新聞やテレビの報道を見ていると、別の意味で団地の実像を必ずしも伝えていないのでは、と思うようになってきた。

私が引っ越してきた二〇一七年ごろには、地元の新聞やテレビのニュースで芝園団地がそれなりの頻度で取り上げられるようになっていた。ネット上の匿名の書き込みとは反対に、このころの新聞やテレビの報道ぶりはむしろ、芝園団地に対して好意的だった。そのほとんどが、日本人住民と外国人住民の交流の取り組みに焦点をあてたものだ。

学生が主催する交流イベントには、こうしたメディアが取材に来ていることが珍しくなかった。同業他社の取材に答えるのも気が引けたのでなるべく断っていたが、私自身も住民として、参加した感想などを聞かれることが何度かあった。

このころの記事やその後に自治会が受賞したいくつかの賞には、ある共通したナラティブ（物語）が底流にあった。「中国人住民が増えて一時はトラブルが増えた団地だが、大学生のボランティア団体や自治会の取り組みによって、交流が広がっている」というものだ。

記事に書かれていることは間違いなく事実だ。

だが、一人の住民として、「取材される側」に身を置いてみると、こうした記事だけでは、必ずしも団地の等身大の姿を伝えきれないのでは、という思いが強くなってきた。

それはあくまでも、「取材する側」の視点からとらえた「光」の部分であり、団地の一断面に過ぎないのではないか、という疑問がふくらんでいったのだ。

そう思ったきっかけは、交流イベントの場では聞けない、住民たちのもう一つの声だった。

ある日、喫茶店「のんのん」で、いつものように常連客数人で話をしていたときだ。外国人住民との交流イベントのことや、「多文化共生に取り組む団地」としてメディアや行政の注目が集まっていることが話題だった。話の輪の中にいた、商店街にある「高津商店」の高津健次さんがつぶやいた。

「けど、現実は違うんだよな……。実際には、住民は不満を持っているわけだからさ」

高津さんは決して、中国人住民を差別してきたわけではない。むしろ逆で、芝園団地で初めての中国人との交流イベントを自ら企画したり、同じ商店街の中国人店主たちを助けたりしてきた。学生たちの「かけはしプロジェクト」の活動にも協力してきた人物だ。

ただ、高津さんが言いたかったのは、交流イベントに参加するような住民と、ほかの多くの住民の本音は違う、ということだった。

確かに交流イベントに参加する人たちは、もともと外国人住民との交流に関心があったり、もっと良好な関係を築こうとしたりと、能動的な意思を持った人たちだ。

ただ、そうした住民は二千人以上いる日本人住民の一部だ。

考えてみれば当たり前のことだが、団地の日本人住民は外国人との交流や異文化に関心があるから、この芝園団地に住んでいるわけではない。URや行政に、外国人が多く住む多文化共生の団地をめざす計画があったわけでもない。古くから住む住民にすれば、自分たちが住んでいる団地に、気づいたら大勢の外国人が住むようになっただけなのだ。

自分の考えや仮説に沿った情報だけを集めてしまうことを、心理学で「確証バイアス」と言う。「見たい現実」だけを見てしまうことだ。

外国人住民が増えたことによる摩擦も、交流に取り組む住民の姿も、どちらも芝園団地の一つの現実ではある。だが、一つの現実だけで描き出す姿が、真実とは限らない。

光と影が交錯して、芝園団地のいまの姿がある。

では、芝園団地の実像とは、どのようなものなのか。高津さんが言う「住民の不満」の根底には、何があるのか。

それは、声を上げることのない多くの住民の心の中にあるのではないか。

それを知るためには、団地のもっと深いところまで入っていかなければならなかった。

＊注

1　川口市のホームページ「人口の統計　町丁字別人口世帯数の推移」

2　国土交通省資料「UR賃貸住宅の経営に係る制度及び現状等について」（平成二二年三月二三日）、都市再生機構資料「UR賃貸住宅の現状と今後の方向性について」（平成二五年一〇月一八日）など

3　川口市のホームページ「人口の統計　町丁字別人口世帯数の推移」

第二章 ふるさと祭り

ふるさと祭りで、住民が団地への思いをつづった短冊をつるした

芝園団地で毎年開かれる夏祭り「ふるさと祭り」。団地で最大の催しを通じて、団地の急速な変化と、日本人住民と中国人住民の関係が見えてきた。

団地が最もにぎわう日

夏が近づくと、芝園団地の自治会は忙しくなる。夏の「ふるさと祭り」がやってくるからだ。ふるさと祭りは、芝園団地が一年でもっともにぎわう日だ。昔の祭りの話になると、団地の人々の声は弾む。

「昔は本当にすごかったよお。人が多すぎて歩けないほどだったよ」

「焼き鳥の店を出したけど、本当によく売れたねえ」

その表情は、昔をなつかしむだけでなく、どこか誇らしげでもある。かつてほどの人出はないが、団地が最もにぎわう日であることは、いまも変わらない。

祭りは毎年八月、二日間にわたって開かれる。商店街の広場にやぐらを建て、それを囲んで皆が盆踊りをする。その周辺には、住民や商店街の店が出した露店が並ぶ。地元の「芝園太鼓」の演奏などさまざまな催しも広場で開かれ、訪れる人たちを楽しませる。その準備と当日の運営を中心になって担うのが、自治会だ。

二〇一七年七月のある日、祭りの準備の会合を終えた後、自治会の役員数人で喫茶店「のんのん」でお茶を飲んでいるときのことだ。

話題は自然に、祭りをいつまで続けていけるだろうか、という話になった。

祭りの準備は、肉体的にもそれに割く時間を考えても、高齢化する自治会の役員にとって、かなりの負担になっていた。特に、あと数年のうちに結論を出さなければならないのが、やぐらをどうするかという問題だった。

大きな二階建てのやぐらは、ふるさと祭りの象徴だ。地面から一段高いところにある一階部分が踊り手の場所で、さらにもう一段高い二階で太鼓を叩く。「このあたりでこんな大きいやぐらがあるのはうちだけだ」と住民が語る、自慢のやぐらだ。

ただ、問題もあった。巨大なやぐらはかつての団地のにぎわいを象徴していたが、同時に、高齢化した団地住民にとっては、大きすぎて手に余るようになってきたのだ。

ふるさと祭りでやぐらを囲んで踊る人たち
（2017年8月）

やぐらの組み立ては、何十人もの住民が半日かけて鉄骨を運んで組み上げる、重労働だ。ソフトボールクラブのメンバーなど、体力に自信のある住民らが集まって組み立てるが、参加者は年々減り、高齢化が進んでいる。このままではそう遠くないうちに、組むための人手が確保できなくなるのは目に見えていた。

高齢化の影響は、ほかにも出ていた。露店の出店も、年々減っているのだ。

やぐらを囲む盆踊りとあわせて祭りを盛り上げるのが、広場に並ぶ露店だ。祭りに出店できるのは、原則として団地の住民か商店街に入っている店子だ。団地住民が所属するスポーツや文化活動のクラブも出店できる。ただ、住民の高齢化が進んでいることもあって、撤退する団体が出てきていたのだ。

「のんのん」で祭りの行く末を話しているとき、私は水を向けてみた。

「出店料を取って、外部の業者を入れるのも一つの手ですよね」

頭の中にあったのは、イベントを企画するような会社に運営を任せ、その費用は出店料を徴収することで賄うことだ。自治会長の韮澤さんは、我が意を得たり、とばかりに「俺は出店料を取れって前から言ってるんだよ」と応じた。

かつては出店料を取って外部の露天商も出店した時期があったが、やめたそうだ。プロの露天商ならともかく、地元住民が店を出すときにも出店料を払わなければならないことに、異論が出たのだという。住民にとっては、商業目的ではなく、団地の住民が楽しむための手づくりの祭りを続けてきたということが、誇りだった。

岡崎さんが話をつないだ。

「完全に外部の業者を入れて出店料を取って続けるのも、一つの手だと思うんですよ。けどそうなると、地域の住民手づくりの祭りという感じは薄れますよね。かといって、このままでは負担が大きくなるばかりですからね。規模を縮小することも考えないといけないかもしれませんよ」

出店料はともかく、イベント会社のような外部の業者に祭りの運営を任せることには、皆乗り気ではなさそうだった。

そうなると、残された道は限られている。私は聞いてみた。

「外部の業者を入れないとなると、いずれ祭りをやめるか、それとも中国人の住民にも入ってもらうか、どちらかですよね」

岡崎さんがうなずいた。「それは一つのあり方ではあるんですよね。そうやって祭りの伝統を受け継いでもらうという」

中国人住民にも祭りの準備や運営に加わってもらうという考えについて、古参の役員の韮澤さんと福島さんは、黙って聞いているだけで、何も意見を口にしなかった。

このままでは先細りになる一方なのは、二人にもわかっていた。

祭りの運営に携わっている住民は、ほとんどが七〇代だ。子供たちは独立し、ほかの場所に住んでいる。賃貸住宅なので、子供が不動産を相続して戻ってくることもない。このままでは夏祭りを縮小するどころか、一〇年後に祭りそのものが存続しているかどうかも危うい状況だ。

一方で中国人住民は、三〇代を中心に若い夫婦が多い。祭りを楽しむ小さな子供もいる。このまま団地住民による手作りの祭りを続けていこうとするなら、残された道は中国人住民の参加しかなかった。

一方でそれは、自分たちが三〇年以上続けてきた祭りを、外国人住民が主体の次世代に引き継ぐことを意味していた。

菲澤さんたちがそのことに抵抗を覚えていたか、それとも何か別の思いがあるのか、二人の表情からはうかがえなかった。

「どうしたもんかねえ」。菲澤さんがつぶやいたが、結論は出ないまま、「のんのん」を後にした。

日本人住民の「もやもや感」

八月の暑い盛りの日、自治会が音頭を取って、数十人の住民が広場に集まってやぐらを組んだ。実際にやってみると、確かに組み立ては重労働だった。
やぐらを設計したのは、団地の住民で「神さん」という名前の男性だ。やぐらの鉄骨には番号が振ってあって、どの鉄骨同士を組み合わせるかわかるようになっているが、全体の構造が頭の中に入っているのは、神さんだけだ。まさしく神様のように、神さんの指揮の下で作業を進めていく。

自治会の事務所に保管してある鉄骨を広場まで運び出し、組み上げていく。熱中症にならないよう早朝から作業を始めたが、それでも気温は三〇度を優に超え、流れる汗をタオルで拭きながらの作業だ。

作業に加わるソフトボールクラブのメンバーの中には、団地の周辺地域に住む若い男性もいたが、大半は七〇歳を超えた高齢者だ。「やぐらの組み立てもあと何年できるかなあ」。そんな声が、何人もの口から出た。

作業の合間、岡崎さんがこんなことを口にした。

「祭りの準備に参加する住民の皆さんには、何のためにやっているんだろうという『もやもや感』があるんですよね」

もやもや感？

どういうことだろうと思っていると、あとで岡崎さんが解説してくれた。

「結局、何のためにやっているのかという話ですよね。お祭りはやっぱり、子供が楽しいから、親も子供たちのためにもやるかという気持ちがあったと思うんですよ。けどいまはそういうこともないし、来るのは中国の方たちのほうが多いくらいじゃないですか。彼らの間ではすごく評判がいいそうなんですよ。けど、彼らが祭りの運営に入ってくれるわけでもないし、自治会としては完全に単なるボランティアでやっているということですよね」

ふるさと祭りは、日本人住民が準備をして中国人住民が楽しむものに変わりつつあった。そのことへの日本人住民の複雑な思いを、岡崎さんは「もやもや感」と表現したのだ。

岡崎さんが言う通り、そもそも団地には、日本人の子供たちはほとんどいなくなっている。芝園団地にはもともと、団地の完成と同じ年に開校した芝園小学校と芝園中学校が隣接していた。だが、住民の高齢化が進み、新たな若い住民も入居しない中で、子供たちの数は減っていった。結局、小学校は二〇〇八年、中学校も二〇一三年に閉校している。

一方で、中国人の子供は近年急増している。平日の夕方や休日になると、広場では大勢の子供たちの姿を見かける。そのほとんどは、団地に住む中国人の子供だ。

ふるさと祭りの盆踊りでは、見よう見まねで踊りの輪に加わる中国人の子供を、親たちがスマホで撮影する姿をあちこちで見かける。

子供だけではない。日本の伝統的な祭りは興味深いらしく、祭りには団地に住む中国人だけ多いくらいだ。

でなく、周辺地域からも多くの中国人が訪れる。その数は年々増え、いまや日本人住民よりも

それでも、祭りの準備や運営を担っているのは、今でも日本人住民だ。準備に携わる人数自体が減っているうえ高齢化が進み、負担感は年々大きくなっている。しかも、祭りの準備や運営をするのは自治会だが、中国人住民のほとんどは自治会には入っていない。

自分たちや子供たちが楽しむための祭りだったはずなのに、これではまるで、日本人住民が中国人住民を楽しませるためにやっているようなものではないか——。そんな不満が、日本人住民の間には広がりつつあった。

それなら、中国人住民にも祭りの準備や運営に加わってもらえばいいじゃないか、と思ったが、話はそう簡単ではなかった。

やぐらを組む日に合わせ、岡崎さんは中国人住民にも作業を手伝ってくれるよう呼びかけをしていた。中国人が使うSNS「微信（ウェイシン）（ウィーチャット）」を使って、団地の中国人住民向けに「ふるさと祭りの準備を一緒にやりませんか」と中国語でメッセージを投稿したのだ。

しかし、「このメッセージを見た」と言って参加してくれたのは、最近まで自治会の役員を務めていたが引っ越した、中国人男性一人だけだった。

「やっぱり、外国人だからという以前に、そもそも知り合いがいるとか何かつながりがないと、参加しにくいですよね」。岡﨑さんが言った。

確かに、日本人の参加者は主力のソフトボールクラブのメンバーを中心に、毎年やぐらの組み立てに参加している顔見知りの様子だった。知り合いの一人でもいれば参加しやすいが、そうでないと、日本人でも躊躇（ちゅうちょ）はするかもしれない。

とはいえ、もし本気で中国人住民にもやぐらの組み立てに参加してもらおうと思えば、ほかにも方法はあるはずだった。

作業をしながら、こんな疑問が浮かんできた。

祭りに携わる日本人住民の多くは、そもそも中国人住民に祭りの準備や運営に加わってほしいとは、思っていないのではないだろうか？

やぐらの組み立て作業をしていると、時折立ち止まって、興味深そうに作業を見守る中国人住民の姿を見かける。だが、そうした住民に、一緒にやってみないかと声をかける人はいなかった。SNS「微信」での呼びかけも、自治会の活動としてやっているとはいえ、実質的には岡﨑さんがやっていることだった。

「祭りを続けるなら中国人住民にも入ってもらうしかない」と私が言ったときの、韮澤さんや福島さんの沈黙。それは、拒絶を意味しているのかもしれなかった。

心の中のトランプ

六月から二か月以上かけて準備をしたのち、ふるさと祭りは八月一九日と二〇日に開かれた。途中、雷雨で一部の催しが中止になるアクシデントはあったものの、大勢の人たちが訪れて団地は大変なにぎわいを見せた。

商店街の広場にそびえたつやぐらを中心に、周囲には団地の住民や商店街の店が出す露店が並ぶ。広場では、団地を拠点に活動している「芝園太鼓」の演奏や歌謡ショーといったさまざまな催しがあり、ビニールシートを敷いて見物をする人たちもたくさんいた。

私は、運営本部がある自治会のテントで物を運んだり、本部席を訪れる客をもてなしたりする役回りだった。

本部に挨拶にやってくるのは、近隣の自治会長や各種団体の役員から県議や市議といった政治家まで、多岐にわたる。かつてよりは薄れたといわれるが、このあたりではまだ、昔ながらの地域のつながりが残っていることがわかる。

二日目の夜、最後のイベントである盆踊りが終わり、自治会の役員を中心に本部席の後片付けを始めた。手早く片付けないと、夜中までかかってしまう。まずは、本部席の折り畳みテー

ふるさと祭りで木遣を見物する人たち
（2017年8月）

ブルと椅子を倉庫まで運ぶ作業から始めた。

祭りの終わりを告げるアナウンスはされていたが、広場の祭り提灯（ちょうちん）には明かりが灯り、ビニールシートを広げて宴会を続けているグループがいくつか残っていた。

広場の一番端を歩いて運んでいたが、そのルートのすぐわきで、ビニールシートの上に車座になって宴会を続けているグループがいた。重いテーブルや椅子を運ぶときによろければ、座っている彼らにぶつかってしまう恐れがある。私は、少し移動してもらうよう身振りで示しながら、「ちょっと動いてもらっていいですか」と声をかけた。

だが、倉庫にテーブルを運んで戻ってきてからも、彼らは同じ場所で宴会を続けていた。中国語で話をしている、若い男女のグループだった。

「少しぐらい後片付けに協力してくれてもいいのに……」

口にこそしなかったものの、そんな不満の気持ちが、心の中に生まれた。

その瞬間、気づいた。

これは、岡崎さんが言っていた「もやもや感」ではないか。

このときまでは、岡崎さんの「日本人住民のもやもや感」の説明を聞いて、頭では理解していたものの、どこかピンと来ていない自分がいた。炎天下でやぐらや祭り提灯を設置するのは大変な作業だったが、日本人も中国人も、大人も子供も盆踊りを楽しむ姿を見ると、「やってよかったな」と心から思えた。

だがこの瞬間、私たちが組み上げたやぐらを囲んで宴会する人たちがいる一方で、自治会の役員ら十数人だけで黙々と後片付けをしていると、「なんで自分たちだけがこんなことを……」という、まさしくもやもやした思いがふくらんでいった。それが、中国人の若者グループが宴会の場所を移動してくれなかったときに、「なぜ協力してくれないんだ」という不満になって表出したのだ。

自分でも思いもしなかった感情が芽生えたことに私は動揺し、広場で立ち止まった。

このときに頭に浮かんだのが、二〇一六年秋の米大統領選挙取材で会った、アンディという一人のアメリカ人男性だった。

工事現場の監督をしているアンディとは、二〇一〇年にティーパーティー運動のデモ行進を取材したときに初めて会った。二〇一六年、大統領選挙の取材で米国を再訪することになったとき、「彼はトランプ支持者になっているのでは」と思って連絡を取ったのだ。

久しぶりに会ったアンディは、予想通り熱烈なトランプ支持者になっていた。生まれ育ったニューヨーク・ブルックリンの下町を歩きながら、「この辺りも移民が増えて、すっかり変わってしまった」と嘆いた。

「競争と自助努力」を信奉するアンディは、「エンタイトルメント」と呼ばれるさまざまな福祉の給付金やサービスがあまりに肥大化し、国の財政を圧迫しているという考えの持ち主だ。その批判の矛先は、移民にも向けられていた。

福祉の給付金を、「だまし取っている連中がいる」と訴えるアンディは、こう言った。

「工事現場で一緒に働く外国人の同僚からいろんな手口を聞いたんだ。俺たちの税金が、こんなことに使われているんだ」

私はアンディが何度も会って率直に話をしてくれることに感謝していたが、かといって彼の主張には賛同できなかった。言葉の端々に、移民が不正受給をすることを前提にしているようなニュアンスを感じたからだ。

だが、団地の住民や私の心の中に芽生えた「もやもや感」は、アンディの言っていたことにも通じる部分があるように思えた。それは、「自分たちの提供物（税金や労働）によって成り立っているサービスに、外部の人間が『ただ乗り』をしている」という意識だ。

このことを考えたとき、心の中の小さな動揺は、さらに激しくなった。

アンディの心中にあるトランプ的な反移民感情が、私の心の中にも芽生えたのではないか？

私は芝園団地の広場で、トランプの影と向き合っていた。

露店めぐり「誰の祭りか」

ふるさと祭りの二日間では、ほかにも日本人住民の「もやもや感」が見えてきた。その一つが、外国人住民が過半数となり、自分たちが少数派になったことに対する、日本人住民の思いだ。

話は、祭りのおよそ一か月前にさかのぼる。

芝園団地公民館の会議室で七月一五日、祭りの出店希望者向けの説明会が開かれた。

説明会は、出店をする各種の団体や個人向けに、祭りを主催する自治会が開くものだ。この日はソフトボールやサッカー、テニスといったスポーツのクラブの代表者のほか、毎年ケバブの店を出しているバングラデシュ人の男性、商店街の店主らが出席した。

説明会で最も重要なのが、それぞれの出店する場所を決めることだ。自治会がつくった配置

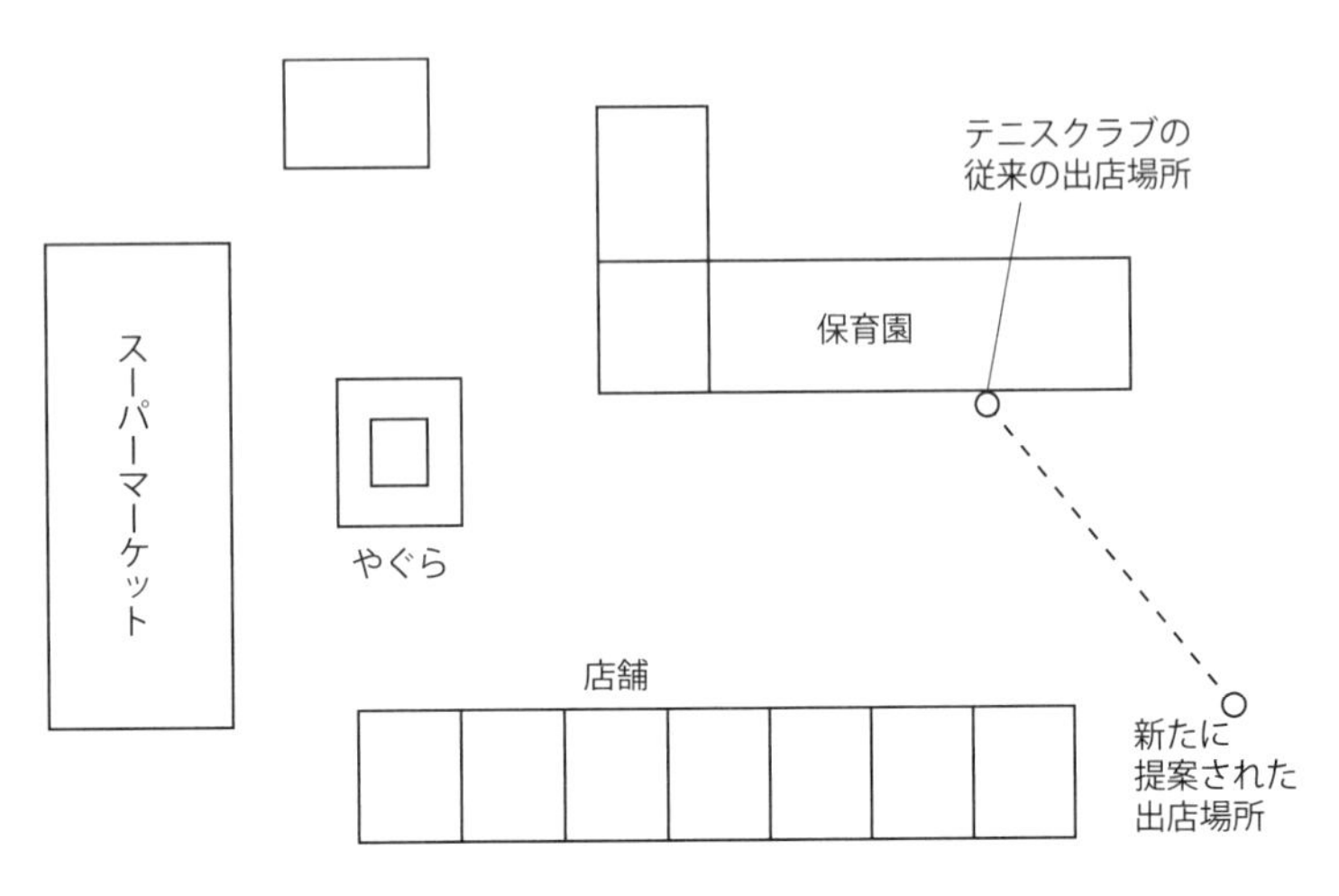

図2–1　芝園団地商店街の見取り図

の案を示して話し合いを始めようとしたとき、問題が持ち上がった。

「これまでと同じ場所に店を出せないなら、出店そのものを取りやめたいと思います」

毎年出店してきた「芝園団地テニスクラブ」が、突然申し出たのだ。

テニスクラブは長年、金魚すくいや射的など、子供が楽しめるような露店を出してきた。商店街の軒先の一角が、テニスクラブの長年の定位置だ（図2–1）。その場所は、祭りの中心となるやぐらにも近い、いわば一等地だ。

かつては電気店の軒先だったその場所は、数年前からは中国系の保育園が店子となっていた。保育園は自分たちも軒先に露店を出すようになったが、前年まではテニスクラブもこれまでと同じ場所を使わせてもらっていた。

つまり、保育園の軒先に、テニスクラブの露店と保育園の露店が並んでいたのだ。

だが保育園は、この二〇一七年からは露店の数を増やして、自分たちが借りているスペースの軒先すべてに露店を並べたいと自治会に申し出ていた。

自治会が交渉した結果、保育園は軒先の一部を、この年もテニスクラブに提供することに同意した。だがそれは従来テニスクラブが使っていたスペースより狭く、テニスクラブ側が広さが足りないということで、折り合いがつかなかった。

賃料を払っている以上、保育園には軒先を使う権利がある。自治会としても、それ以上はどうすることもできなかった。

そこで自治会は、二〇メートルほど離れた別の場所をテニスクラブ用に用意していた。まさか、テニスクラブが「同じ場所でできないなら撤退する」と言ってくるなど、思いもよらなかったのだ。

想定外の事態に、自治会の役員はお互いに顔を見合わせた。司会をしていた副会長の真下徹也さんが、当惑した表情を浮かべた後に言った。

「そういうことであれば申し訳ないけど……」

テニスクラブのメンバーたちは、あらかじめその答えを予期していたかのように、静かに席を立つと会議室を出て行った。

私は「そこをなんとか…」とか、もう少しやりとりがあるかと思っていたので、あっさりと出店取りやめが決まってしまったことに驚いていた。その後議事は淡々と進行し、会議は一時間足らずで終わった。

説明会が終わった後、自治会の役員数人で、団地内の喫茶店「のんのん」でコーヒーを飲んでいたときのことだ。

「本当にあれでよかったんですかねえ」。私が口にすると、福島さんが、「いや、私も実はそう思ったんだよ。もうちょっとやりようがあったんじゃないかなって」と応じた。

かつての祭りでは、何十もの露店が並んだという。祭りの中心であるやぐらに近い場所ほどにぎわうので、どの場所に露店を置けるかは売り上げに直結する大事なことだった。

だが、団地住民の高齢化とともに出店者が減っていき、最近は住民が出す露店は一〇店を割り込んでいた。簡単にテニスクラブの出店取りやめを受け入れてしまったが、これでまた一つ、祭りのにぎわいが消えてしまうことになる。もう少し「そこを何とか出店してほしい」とお願いしてみるとか、事前に調整をするとか、やりようがあったのではないか、という気持ちが残ったのだ。

ただ自治会も、保育園と軒先の使用を交渉するなど、何も手を打たなかったわけではなかった。「テニスクラブも今回のことはあくまできっかけで、そろそろ出店をやめたいという意向があったのかもしれませんよ」という意見も出た。

真下さんは後日、このときのことについて「手をこまねいて何もしなかったわけじゃない。交渉して一度は保育園にスペースを空けてもらったけど、テニスクラブがそれでは狭いということで、こっちもそれ以上は言えなかった」と振り返った。

一方で私はこのとき、なぜテニスクラブがあれほど出店場所にこだわるのか、よくわからなかった。

これまでの保育園前の場所は、確かに祭りの中心であるやぐらに近く、大勢の人が行き来する一等地だ。建物の軒先なので日差しを避けられるし、金魚すくいのための水の確保にも便利だ。

ただ、自治会がテニスクラブに提案した代わりの場所も、距離にして二〇メートルほどしか離れていない。なぜこの程度の距離の違いしかないのに、それほど場所にこだわるのだろうか。そのときの私には、腑(ふ)に落ちなかった。

その意味が理解できたのは、祭りが終わってからのことだった。

二日間の祭りが終わった日の夜、広場の一角で、本部席で運営を手伝った人たちを中心にささやかな打ち上げをした。

一〇人余りが缶ビールを開けたところに、中国系の保育園に勤める若い日本人男性が挨拶にやってきた。男性は施設の現場責任者で、事前説明会にも参加していた。

「お世話になりました」

「おー、お疲れさん」。自治会役員の福島芳江さんが、笑顔で声をかけつつも軽いジャブを見舞った。

「何にも差し入れがなかったけどな」

「あ、失礼しました……。いまお持ちしますので」

慌てて保育園に戻った男性は、しばらくすると菓子折りを手に戻ってきた。

「まあ、座んなよ」。福島さんに声をかけられて、男性も打ち上げの席に加わった。

福島さんが、さっそく切り出した。

「あんたのところはもっと協力しなきゃだめだ。あそこはもともと、テニスクラブが使いたいと言っていたんだからさ」

「え?」男性は一瞬、戸惑った表情を見せた。

「ほかの露店で売るものと重ならないようにして、配慮はさせていただいたのですが。ただ出店だけは、前回よりも多く出させていただきたいということで……」

この保育園の経営母体は、首都圏で複数の保育園を運営している。男性は、「私も利益目標を達成するように言われていまして……」と弁解した。

「あんまりこの人を責めてもしょうがないじゃない」

周囲に言われて福島さんも一旦は矛を収めたが、納得はしていない様子だった。

福島さんが再び出店場所の問題を持ち出したやりとりを聞いて、この問題への住民のこだわりの強さを改めて実感した。

同時に、なぜ皆がこれほどテニスクラブの出店場所にこだわるかが、このとき初めて理解できた。

これは、単なる場所の問題ではない。「誰の祭りなのか」を象徴しているのだ。

ふるさと祭りは、住民が主体となって運営してきた手作りの祭りだ。商店街の店子が軒先で出す店を除けば、露店を出すのは団地の住民たちだ。その中心となってきたのが、ソフトボールやテニス、サッカーといったスポーツクラブだった。こうしたクラブは店を出すだけでなく、やぐらの組み立てや後片付けなど、さまざまな形で祭りに携わってきた、いわば祭りの主役だった。

ところが最近になってやってきた中国系の保育園によって、結果的に自分たちが、祭りの中心地から退かざるを得なくなった。

テニスクラブが長年出店してきた「一等地」と比べると、自治会が代わりに提案した場所は、二〇メートルほどしか離れていないとはいえ、建物が遮りやぐらが見えない場所にあった。

もちろん、保育園は店子としての正当な権利を行使しただけだし、テニスクラブを排除しようという意図などなかったことは、打ち上げの席での男性職員の説明からも明らかだった。

ただ、テニスクラブのメンバーや福島さんのような、長年団地に住んできた住民からすれば、自分たちが中心になって運営してきた手作りの祭りのはずなのに、自分たちがその中心から締め出されるような思いを抱いたのだ。

後日、「のんのん」で雑談をしているときに、福島さんに聞いてみた。

「あのとき、どんな気持ちで保育園に『もっと協力しなきゃだめだ』と言ったんですか?」

福島さんの答えは、ある意味で明快だった。

「だって、新参者じゃん。だったら新参者らしくしなきゃ」

そこには、自分たちこそがこの団地の主たる住民であり、ふるさと祭りは「自分たちの祭りなのだ」という強い自負がうかがえた。

わずか二〇メートルの移動ではあるが、そのことへの抵抗は「自分たちの場所だったのに脇に追いやられる」という反発と、不安の裏返しでもあった。

「昔からの住民のことも」

夏祭りが終わってからも、私はテニスクラブの一件が気になっていた。一見、露店の場所をめぐるささいな出来事のように見えるが、実はこの団地の日本人住民と中国人住民の間で起きていることを、象徴しているように思えたからだ。

福島さんの「新参者なんだから」という言葉は、一面ではこれが、古参住民と新たな住民との間に生まれがちな、日本中どこにでもある問題と共通していることを示していた。新参者は、昔からのしきたりに従うべきだ、ということだ。

ただ芝園団地の場合は、日本人住民と中国人住民という「異文化」という要因もあった。五千人弱の芝園団地住民のうち、日本人住民はすでに半数を割り込んでいる。外国人住民が増えて、気がつけば自分たちが少数派になったという事実が、長年住む日本人住民の心情に複雑な影を落としている。

一方で、「新参者」と言われた外国人にも、部屋や店舗の借り手としては、日本人住民と同じ権利がある。そこには上下や主従関係はないはずだ。結果的に外国人住民が過半数になったとはいえ、その大半を占める中国人住民に、日本人住民をわきに追いやり、中国人の団地にしようという意図があるわけでもない。

一方がもう一方を押し出すような形ではなく、同じ団地の住民として共に暮らし、一緒に祭りを盛り上げていくことができないものか。そんな思いが自分の中にあった。

団地住民の高齢化が進み、このままでは祭りの出店が先細りになることも心配だった。

かつては数十メートルも露店が並んだという祭りだが、二〇一七年には住民による出店は四店まで減っていた。数少ない出店者のテニスクラブがこのまま祭りから完全に撤退してしまったら、さらに寂しくなってしまう。

まずは当事者であるテニスクラブの人たちに話を聞いてみれば、何か解決の糸口が見つかるかもしれない。年が明けた二〇一八年の三月、テニスクラブが週末に練習をしている、団地内の運動場に行ってみた。

運動場の一角にあるテニスコートで、練習中の男性の一人に話を聞くことができた。

私は、テニスクラブの出店とりやめをめぐって、自治会の役員の間でもさまざまな意見があったことを伝えたうえで、今年の祭りで、もう一度店を出してもらえる可能性があるかどうか、聞いてみた。

男性は、四月に開かれるクラブの総会で、祭りの出店についても話し合う予定だと教えてくれた。去年の祭りでは出店をとりやめたものの、「店を出さないと寂しい」という声も一部にはあったという。どうやら、望みは完全に消えたわけではなさそうだった。

ところが、話は期待通りには進まなかった。

四月、いつものように「のんのん」で雑談をしているとき、常連客から「テニスクラブは今年の祭りも出店しないみたいだよ」と聞いたのだ。

もう一度、テニスコートに行ってみた。今度は、クラブの代表格である栗山高明さん（七〇）に話を聞くことができた。確かに、四月の総会で祭りには出店しないことが決まったという。

「長年地域の子供たちのためにということで店を出してきたけど、これも時代の流れということなんでしょうねえ」。栗山さんは語った。

テニスクラブは、金魚すくいや射的など、子供たちが喜ぶような店を長年出していた。クラブのメンバーたちは、後から店を出した保育園が、自分たちと全く同じ内容の子供向けの露店を隣で出していたことも、快く思っていなかったようだった。栗山さんの言葉の端々には、長年地域の活動を担ってきたという自負と、そういう自分たちの存在が尊重されなかったという、苦い思いがにじんだ。

その苦い思いは、場所を提供してくれなかった中国系の保育園だけに向けられていたわけではなかった。

「自治会も多文化共生でいろんな賞をもらったりしているけど、なんだか私たちとは遊離したところでやっている感じですよ。もっと昔からの住民のことも考えてもらいたいですね」

ああ、そうだったのか。私はこのとき初めて、テニスクラブの人たちの不満は、自治会にも向けられていることを知った。

このころ、芝園団地自治会は多文化共生の取り組みが評価されて、埼玉県の「埼玉グローバル賞」と、国際交流基金の「地球市民賞」を相次いで受賞していた。二月には授賞式が立て続けにあり、メディアに取り上げられる機会も増えていた。

団地の日本人住民の中には、こうした受賞を喜んでくれる人もいたが、どことなく距離を置いた冷めた空気が団地の中にあることも、肌で感じていた。

栗山さんの「私たちと遊離したところでやっている」という言葉で、それが何を意味しているのか、ようやくわかったのだ。

栗山さんが言わんとしたのは、「団地の自治会は、もっと『私たちの側』に立つべきではないか」ということだ。祭りの出店場所をめぐる問題が起きたとき、中国系の保育園とテニスクラブの間で仲裁に入るというよりも、昔から祭りのために活動している自分たちの側にもっと寄り添ってほしかったのだ。

栗山さんがあえて「多文化共生で賞をもらったこと」に言及したのにも、その思いが込められていた。自治会が、自分たち古くからの日本人住民のための活動よりも、福島さんのいう「新参者」の中国人住民との交流活動を重視しているように映ったからだった。栗山さんの言葉は、受賞に対してどこか冷めている日本人住民の空気を、代弁したものでもあった。

後日、栗山さんに改めて会い、じっくり話を聞いた。

栗山さんは、必ずしも中国人住民を頭から拒絶しているわけではなかった。

「多文化共生が一番進んでいるのは、うちのテニスクラブですよ」

栗山さんは初めて会った時にこうも語っていたが、実際にテニスクラブでは、中国人の会員も数人いて、一緒に活動をしていた。

土曜日の全体練習に加えて、日曜日には栗山さんがコーチ役で、中国人の若い会員数人の練習相手をしている。「終わった後は一緒に『劉府』に行くんです。三時までに行くとランチセットが安いんですよ」。

「劉府」は、団地商店街にある中国料理店だ。中国人住民と一緒に団地内の中国料理店に行く日本人住民に会ったのは、栗山さんが初めてだった。

「一緒に好きなテニスをすることを通じて、生活習慣や価値観の違いを認め合って、自然体で付き合うことができています」と語る。

現在は、四〇人から五〇人ほどの会員のうち、六〜七人が中国人だという。芝園団地全体と同様、ここでも日本人会員は高齢化が進み、いずれ日本人だけでは活動を続けることが難しくなりそうだという課題を抱えている。

外国人会員を積極的に募集することも一案としてあるが、「外国人会員が増えすぎるとクラブの性格が変わってしまう」という既存会員の慎重意見もあり、今のところは参加希望者を受け入れるという対応を取っている。

一方で栗山さんは、中国人が半数以上を占めるようになった団地の現状については、批判的だった。事前に考えをまとめてきたという文書に目を落としながら、自分たち「先住民こそ支援が必要だ」と訴えた。

「日本人はいまや少数派。私たちは肩身の狭い思いをさせられているんです。団地内で飛び交う言葉は中国語、商店や飲食店は中国人向けばかり。日本人の居場所が団地内になくなりつつあります」

「日本人は高齢者世帯や独居老人も少なくない。支援を必要としているのは、若く活力に富んでいる中国人ではなく、むしろ弱者になりつつある先住民の日本人のほうですよ。高齢者の生活支援のほうが優先すべき課題です」

栗山さんの不満は、中国人住民そのものに向けられているというよりは、少数派になった自分たちがないがしろにされている、というものだった。URや自治会の取り組み、さらには行政やメディアの注目も、外国人住民との関係だけに向けられているのでは、という思いだ。

もう一人、テニスクラブの一員で胸の内を伝えてきた人がいた。現在は隣のマンション「芝園ハイツ」に住んでいるが、もともとは芝園団地の住民だった池谷延夫さん（七〇）だ。

池谷さんとは、テニスクラブを訪れたときに初めて会い、挨拶を交わしていた。その後、二〇一八年六月に芝園団地の記事を朝日新聞GLOBEに掲載すると、感想をメールで寄せてくれた。

メールには、外国人住民が増えた芝園団地の現状に対する、強い言葉が並んでいた。

〈彼らにはここで培われた風情を壊し、不快にさせる権利はない〉

〈「よそ様の家か庭に住む」くらいの遠慮と自分たちが住むために知るべき情報を我々から得る積極性が必要だと私は言い切りたい〉

それは、「新参者なんだから」という福島さんの言葉と通じるものがあった。「私たちの団地」にあとからやってきたのだから、それらしく振る舞うべきだ、ということだ。

そして、メールの中には強烈な一言があった。

〈トランプの言葉を、芝園団地の広場で叫びたいくらいです〉

オハイオ州の小さな町で開かれた集会で、トランプの言葉を連呼する支持者たちを思い出した。ここでも、トランプやその支持者と芝園団地の日本人住民の姿が重なった。

芝園団地の広場でトランプの言葉を叫ぶ――。

それは遠くない将来に起こりかねないという、ある種の切迫感をもって、目に浮かぶ情景だった。

私はこのころ、芝園団地は「乾き切った草原」のようなものだとみていた。

一見すると平穏に見えるが、マッチ一本の火があっという間に燃え広がるように、何かのきっかけで、日本人住民の「もやもや感」は怒りや不満の炎となって広がっていきかねない、と思っていたのだ。

池谷さんの言葉には、それが現実となりかねない、予言のような響きがあった。


結局、テニスクラブは、この年もふるさと祭りに出店しないことが決まった。

ただ、かつてテニスクラブが出店していた中国系の保育園の軒先には、サッカークラブがフランクフルトを売る露店を出すことになった。

保育園は当初、前年と同じく自分たちの軒先すべてを使って出店するつもりだったが、自治会の要請を受けて、軒先の一角をほかの団体にも提供することになったのだ。

テニスクラブの撤退は残念だったが、保育園が軒先を貸し出す形で協力してくれることになったのは、朗報だった。

中国人住民も参加

二〇一八年八月、ふるさと祭りの夏が再び芝園団地にやってきた。

私はこの年の祭りで、一つのことをやってみようとしていた。やぐらを組み上げる作業に、中国人住民にも参加してもらうことだ。

中国人住民にも祭りの準備に加わってもらえば、お互いに協力して祭りを続けていく糸口が見つかるかもしれない。何より、日本人住民が抱く「祭りを楽しむのは外国人のほうが多いのに、準備や後片付けの負担は日本人住民だけが負っている」という「もやもや感」も、和らぐのではないかと思ったのだ。

この「もやもや感」については、自分自身も反省するところがあった。

前年の祭りの最終日の夜、私は広場で宴会をしていたグループに対して「どうして協力してくれないのか」という「もやもや感」を抱いた。

だが、私は場所を移動してほしいと言っただけで、後片付けに協力してほしいという気持ちを、相手に伝えていなかった。それでは、「協力してほしい」と伝えないまま、「中国人住民が協力しない」と不満を抱くのと同じではないか、と思ったのだ。

まずは、団地で知り合った中国人住民のうち、協力してくれそうな何人かに微信でメッセージを送った。その一人が、楊思維（ヤンスーウェイ）さん（二八）だ。

楊さんと初めて会ったのは、芝園団地内を歩いているときだった。路上でしりもちをついたまま起き上がれなくなっていた高齢の女性に寄り添っていたのが、楊さんだった。

女性の夫が団地内のスーパーで買い物をしているというので、楊さんと二人でスーパーまで探しに行った。夫の男性を見つけて呼び戻した後、倒れた女性を一緒に起こして、病院まで送るタクシーを手配した。

日本人の高齢者が多い団地では、転倒事故が多い。私は住んでから一年半で三回、こうした場面に遭遇した。団地の民生委員もしている福島さんによると、助ける側も高齢者しかいないときは、倒れた人を起こすのも一苦労だという。若い中国人住民がいれば、こうして助け合うこともできるのだ。

後日、楊さんに「なぜあのとき、女性を助けたんですか？」と聞くと、こんな返事が返ってきた。「自分も事故に遭って、日本人に助けられたことがありました。事故でパニックにおちいって何をすればいいかわからない気持ちは、自分は非常にわかります」

都内の専門商社で働く楊さんは、二〇一八年の三月に芝園団地に引っ越してきたばかりで、まだ団地の夏祭りを見たことがなかった。「もし時間があれば手伝ってくれませんか」というメッセージに、「行きます」と快諾の返事が返ってきた。

もう一人、手伝ってくれることになったのがＩＴ技術者の欧陽有界（オウヤンヨウジエ）さん（二七）だ。欧陽さんとは、芝園団地がある川口市芝地区で毎年開かれる、体育祭で知り合った。トライアスロンやマラソンの大会に年間何度も出場するスポーツマンで、私たちは時々荒川を一緒に自転車で走る仲だ。欧陽さんもまた「私でよければ」と快諾してくれた。結局、三人に声をかけて二人が来てくれることになった。

八月五日の朝、予定より少し早めに、やぐらを組み立てる商店街の広場に行ってみた。二人は本当に来てくれるかだろうか。期待と不安で落ち着かなかった。

やがて、Ｔシャツと短パン姿の欧陽さんが姿を見せた。私は、そばにいた自治会副会長の真下徹也さんに欧陽さんを紹介した。真下さんは、普段は中国人住民との交流活動に距離を置いているが、この日は「おー、ありがとう」と笑顔を見せ、欧陽さんと握手をした。作業を始めるうちに、もう一人の楊さんもやってきて、作業に加わった。

作業をする二人を見ながら、私はちょっとした感慨にひたっていた。小さな一歩かもしれないが、これが次につながるきっかけになってくれれば、と。

祭りはいよいよ、二週間後に迫ってきた。

二〇一八年のふるさと祭りは、八月一八日から一九日にかけて開かれた。会場となる団地内の広場には、前年と同じように、団地の商店街や住民が出す露店が並んだ。この年は、商店街の中国料理店が、中国の串焼き「羊肉串」を店先で焼き、長い行列ができた。煙と羊肉独特の香りが広場に漂い、ほかの祭りとの違いを際立たせていた。

ふるさと祭りはもともと団地住民向けの地域の祭りだったが、最近は近隣の中国人だけでなく、こうした「中国の味」を求めて訪れる日本人もいるようだ。

住民が出す店も、いくつか新しい店が並んだ。その一つは、近所にオープンしたばかりの中国の若者向けのカフェが出した、タピオカミルクティーの店だ。従業員の一人が団地の住民ということで、新たに出店の申請があったのだ。

もう一人、引っ越してきたばかりの日本人男性も、夫婦で店を出していた。「売れ行きはどうですか?」と聞いてみたが、苦戦しているようだった。「近くの蕨の祭りで人気だったのを見てじゃがバターを出すことにしたんですが、ここは中国人のお客さんが多いみたいで……。じゃがバターは中国人にはあまり人気がないみたいです」とぼやいた。

やぐらを囲む盆踊りでは、日本人の踊り手の後ろに、中国人の子供たちが見よう見まねで続いていた。それをスマホで撮影する中国人の父母の姿も、ここ数年の祭りでの見慣れた光景だ。

ただ、この年の祭りでも、日本人住民の「もやもや感」に起因する問題は皆無ではなかった。それは、やぐらを囲むようにして広場に敷かれる、ブルーシートをめぐるものだった。

昔は見かけなかったというシートだが、広場で行われる各種の催しを見物するためか、花見の場所取りのようにシートを敷く人が増えていた。

私は誰に迷惑をかけているわけでもないし問題ないと思っていたが、日本人住民からは以前から「中国人住民が場所取りのためにやっている」と不満の声が上がっていた。ここにもまた、「もともと自分たちの祭りのはずだったのに、なぜ中国人住民が一番いい場所を取るのか」という日本人住民の「もやもや感」があった。

実際に私が確認した限りでは、シートを敷いて宴会を楽しんでいる日本人の若者グループもいて、すべて中国人というわけではなかった。ただ、中国人のグループのほうが多いのは事実だった。

自治会にも対策を求める苦情が寄せられたため、結局この年の祭りでは、広場の地面や柱に「シートでの場所取り禁止」という張り紙をすることにした。

だが、実際に祭りが始まってみると、結局はなし崩し的に広場のあちこちでシートが広げられていた。福島さんは、「だめだよ、全然。警備会社の警備員も注意することになっていたのに何にも言わねえし……」とぼやいていた。

とはいえ、祭りのにぎわい自体は、昨年を上回るほどだった。祭りは成功のうちに終わったかに見えた。

やぐらは解体された

ところが数日後、岡崎さんから思わぬ話を耳にした。

「やぐらは今年で最後にするみたいですよ」

確かに、「そろそろ潮時だ」という話は去年も出ていたが、結論を出すのはあと数年先だろうと思い込んでいた。自治会長の韮澤さんに確認してみると、確かに処分することに決めたという。

「三、四年前からやめようという話は出ていたけど、団地ができて四〇周年の今年まではなんとか、ということで続けてきたんだ」。韮澤さんは語った。

八月末、祭りが終わった後も広場に残されていたやぐらを片付けるため、再び住民が集まった。

その前日の夜、自治会名義の微信のアカウントで、一つのメッセージが中国語で投稿された。

芝園団地に住む中国人住民が多く登録するグループに宛てたもので、岡﨑さんが文案を作成して中国語に翻訳してもらったものだった。

〈今年も例年通り、住民たちでやぐらの片付けをします。ただし来年からは、やぐらを組むことはありません。来年からは、日本人の高齢者はこのような大規模な活動を責任もって運営することができなくなり、ふるさと祭りの継続が難しくなるかもしれません。しかし、もしやぐらの片付けで中国人住民の協力が得られれば、高齢者も再び、祭りの運営を続けるやる気を出すかもしれません。高齢者の身体的な負担を軽減させるためにも、若い中国人住民の皆さんもやぐらの片付けを手伝ってくれるよう、お願いします〉

だが、当日の朝、広場に来た中国人住民はいなかった。

私も、楊さんと欧陽さんには片付けへの参加を頼まなかった。もともと片付けまで参加をお願いするのも気が引けていたが、来年からやぐらがなくなるのであれば、今年手伝ってもらっても、もう意味がないと考えたからだ。ふるさと祭りを象徴するやぐらの解体があっけなく決まったことで、自分自身、力が抜けてしまったような気持ちになっていた。

朝から始めた広場でのやぐら解体は、組み上げの半分ほどの時間で終わった。

作り上げるのは大変でも、壊すのはあっという間だ。それは、祭りそのものにも言えるのかもしれなかった。

「寂しいですね」。私は韮澤さんに声をかけた。

「寂しいけど、仕方ないね。これ、やるのは大変だから」。韮澤さんは淡々と答えた。

これまでなら解体した鉄骨を自治会の事務所に戻すのだが、もうその必要はない。そのまま広場の隅に置いて、業者に処分してもらう段取りになっていた。

翌朝、出勤のために広場を通りがかると、業者がトラックに鉄骨を載せているところだった。福島さんが一人、少し離れたところに座って作業を眺めていた。

「おー、おはようさん」。声をかけられた私も、福島さんの隣に座ってしばらく作業を眺めた。福島さんはどんな気持ちなのだろうと思ったが、一方で、いまさらそれを聞いても仕方がないと思い直し、何も聞かなかった。

立ち上がった福島さんが業者に差し入れの飲み物を持っていき、私はその場を去った。夜に帰ってきたときには、やぐらの鉄骨は跡形もなくなっていた。

こうして、芝園団地の夏は終わった。


自治会はその後、来年の祭りをどうするか議論をした。事務局長の岡崎さんは、「ここでいったん立ち止まって、祭りのあり方を見直してもいいのでは」という意見だ。

祭りの中核を担ってきたのは長年団地に住む人たちだが、自分たちの子や孫はもう団地には住んでいない。運営するのは自治会だが、祭りを楽しむ人の多くは、自治会に入っていない中国人住民や団地の外に住む人たちだ。

「子供たちに故郷の思い出を残すために始めた祭りと聞いていますが、祭りの位置付けが当時とは変わってしまっていると思うんです。自治会がボランティアでやる意味があるのか、という疑問が個人的にはあります」と岡崎さんは語る。

一方、長年団地に住んできた自治会長の韮澤さんは複雑だ。

「韮澤さんは、どうしたいんですか」。自治会の事務所で顔を合わせたときに尋ねると、しばらく沈黙してから答えた。

「岡崎さんが言うのは、いったんやめようということだよね。けど俺は、規模の大小はともかくとしても、残してもらいたいなあ。俺はもう、故郷よりもここでの生活のほうが長くなった。多少でも体が動くうちは、続けたいねえ」

韮澤さんは、思いのほか強く「続けたい」という考えを明確にした。「故郷よりもここでの生活のほうが長くなった」という言葉に、この団地への思い入れが感じられた。

福島さんも、「続けるべきだ」という意見だ。

「一回やめたら、もう二度とできないよ。規模を小さくしてもいいから、続けたほうがいいと思うけどね」

とはいえ、韮澤さんを含め、祭りを担ってきた古くからの住民の多くは七〇代となった。韮澤さんは、「もう五年もしたら、俺たちも引退だ」と語る。

バトンは、誰に渡したらいいのか。

「難しい質問だね。やる人がいるかどうか……」

韮澤さんは口ごもったが、実はその答えは、半分は出ている。

バトンを受け取る日本人住民は、いないのだ。

正確にはゼロではないが、いまの祭りや自治会活動を維持していくだけの人数を確保することは、極めて難しいだろう。最もありうるのは、祭りはこれから徐々に規模を縮小して、遠くない将来に終わるというシナリオだ。

もう一つの可能性は、外国人住民と一緒に祭りを続けることだ。

中国人住民は二〇代から三〇代の比較的若い層が中心で、団地の広場は、子供を遊ばせる中国人夫婦でいつもにぎわっている。

だが、韮澤さんや福島さんの口からは、「もっと中国人住民に加わってもらおう」という言葉が出ることは、最後までなかった。そこにはやはり、まだ躊躇があるのだ。「そこまでやってくれる人がいるかね。難しいと俺は思うよ」と韮澤さんは言う。

韮澤さんの言う通り、ハードルは高い。仕事であれば賃金や技術の習得といった動機があるが、祭りを手伝ってもお金をもらえるわけではない。

そもそも私たちはなぜ、祭りをするのだろうか。

地域のため、子供たちのため、一緒に何かをすること自体が楽しいから……。そこにはさまざまな理由があるが、すべてに通じる前提がある。単に「住んでいる」だけではない、「私たちの団地」という帰属意識であり、その中でのつながりだ。

日本人ですら、地域社会への帰属意識は薄れている。自分自身、芝園団地に越してくる前に東京で暮らしていたころは、自治会の活動や地域の祭りに参加したことは、一度もなかった。

そんな帰属意識を、外国人住民が持つようになるだろうか。ましてや芝園団地は賃貸住宅で、数年で引っ越していく外国人住民が多い。

何より、日本人住民が「地域の一員」として外国人を受け入れる姿勢を示さなければ、帰属意識は生まれようもない。

やぐらの解体からしばらくたってから、やぐらの組み立てに参加してくれた楊さんと、喫茶店「のんのん」でコーヒーを飲みながら話した。

「日本人と外国人が一緒に祭りを残すことは可能だと思いますか？」

私の問いかけに、楊さんは答えた。

「知っている人に誘われれば、参加する人もいると思います。結局は、人と人のつながりではないでしょうか」

確かに、倒れた高齢女性を助けたのをきっかけに私と楊さんの間にはつながりが生まれ、それがやぐらの組み立て参加につながったのだ。

ふるさと祭りは結局、開催日を一日に短縮するなど規模を小さくして、とりあえずは翌年もやることが決まった。やぐらは、隣のマンション「芝園ハイツ」が所有している、より小さなものを借りることになった。

ただ、これからも祭りを続けていくならどういう形にするか、根本の問題はなお結論が出ていない。

わかっていることは、祭りも、そして団地そのものも、大きな岐路にさしかかっているということだ。

第三章

「もやもや感」の構造

芝園団地内の商店街には、中国系の飲食店が並ぶ

「ふるさと祭り」を通じて見えてきた、日本人住民の「もやもや感」。日本人住民の心理をさらに掘り下げていくと、「見えない壁」が生まれる構造が見えてきた。

「言っちゃいけないけど思っちゃう」

ふるさと祭りで、日本人住民が抱く「もやもや感」。それは、団地の日常生活の中でも垣間見える。

ある日の夜、同じ棟に住む知人の女性二人と、家路につく途中のことだ。

少し前を歩いていた二人が、団地の建物の先に見えるマンションを指さしながら語り合っていた。

「あの新しいマンションにも、中国の人がたくさん住んでいるんだって」

「どうしてこのあたりだけ、こんなに中国人が増えるのかね。あ、でもこういうことは言っちゃいけないいんだよね」。女性は、そのあとにつぶやいた。「でも、思っちゃうよね」

二人は、自分たちが発した言葉が、政治的・社会的に「言うべきではない」ことは自覚しているのだ。米国でいう、ポリティカル・コレクトネスだ。

でも、思っちゃう。

なぜか。人によって答えはいろいろだ。

子供が広場で夜遅くまで大声で遊ぶから。廊下に物を置かないというルールを守らない人がいるから。言葉が通じないから。

だが、こうした生活にまつわる問題だけではない。日本人住民たちの間には、もっと根源的な、明確な言葉にはならない思いがある。

「ただ乗り」批判

ふるさと祭りでの「もやもや感」の一つが、祭りの準備や後片付けを自分たちが担い、中国人住民は祭りを楽しむだけという状況に対する、ある種の「ただ乗り」批判だった。

このような住民心理は、祭り以外の場面でも、目にすることがあった。

川口市では毎年、「全市一斉クリーンタウン作戦」という清掃活動がある。年に一度、自分の住む地域を清掃しましょうと市が呼びかけて実施している。

芝園団地でも毎年、自治会が広報誌で住民に参加を呼びかけて、団地周辺の清掃をしている。

二〇一七年、私も初めてこの清掃活動に参加した。

集まったのは住民一〇人ほど。手分けをして、団地周辺の道路や生垣にあるごみを拾って歩いた。このとき、一緒に道路のごみを拾っていた女性から尋ねられた。

「今日は中国の人は参加しているんですか?」

「いや、いないみたいですね」

「中国の人も、こういう活動に参加してくれればいいのにねえ」

こうした声は、外国人住民のほとんどが自治会に加入しないことをめぐっても、しばしば出てくる意見だ。

都市部の多くの自治会と同様、芝園団地でも自治会の加入者は年々減っている。二四五四戸がある芝園団地だが、二〇一七年の時点で加入者は五〇〇世帯を割り込んでいた。このほとんどが日本人で、外国人の加入は三〇世帯に満たない程度だ。

自治会の活動の中には、敬老会や新年会など、会員だけが参加できる催しもあれば、祭りや防災訓練といった、会員に限らず全員が参加できる催しもある。

自治会の会費は年間三千円だ。外国人住民が自治会に入っていないことへの日本人住民の不満は、「本来負うべき応分の負担をしていないのに、恩恵だけを受けている」というものだ。

この「ただ乗り」(と一方が思っている)問題は、一般的には日本人同士でも起きることだ。自治会やPTAへの参加をめぐるいざこざは珍しい話ではない。地方では、「自治会に入らなければごみ置き場を使わせない」などのルールなどをめぐって、新たに移住してきた住民と昔からの住民の間で、トラブルも起きる。役員の仕事を引き受けられないのでＰＴＡをやめたら、子供が集団登校の班に入れてもらえなくなったといった問題も、よく耳にする話だ。

私が芝園団地で気づいたのは、自治会に入っていないのは外国人住民だけでなく日本人住民も大勢いるのに、「ただ乗り」批判の矛先は、もっぱら外国人住民に向かうことだ。

日本人も、加入世帯数は年々減っている。団地にはいまでも一千世帯以上の日本人世帯が住んでいるはずなので、全体の加入が五〇〇世帯を割り込んでいるということは、日本人も半数以上は自治会に加入していない計算になる。

祭りの準備にしても、やぐらの組み立てといった準備に参加する日本人住民は、全体からみればごく一部に過ぎない。しかし、「最近の日本人住民は自治会に入らない」「祭りの準備に参加しない」といった声は聞こえてこない。もっぱら、「外国人が自治会に入らない」問題として語られるのだ。

この「外国人が『ただ乗り』をしている」という批判は、特にさまざまな公的扶助の受給をめぐって、日本国内でも世界でも、しばしば見聞きする。

なぜ、怒りの矛先は外国人に特に鋭く向かうのだろうか。

その根底にあるのは、外国人を自分たちとは異なる集団とみなすことで意識の中に生まれる、「私たち」対「彼ら」という対立構図だ。そこから、「本来私たちのためのものなのに、『彼ら』

がただ乗りしている」という不満につながっていく。

ふるさと祭りでいえば、「これは私たち日本人住民の祭りだ」という意識だ。同じように、福祉や医療をめぐる「外国人のただ乗り」批判の根底にあるのは、「これは私たち日本人のための制度だ」という意識だろう（実際には、たとえば国民健康保険は中長期の在留資格を持つ外国人も加入義務があり、日本人だけの制度というわけではない。また、外国人住民にも納税義務がある）。

見えない壁

この「ただ乗り批判」の底には、さらに複雑な問題が横たわっている。

日本人住民の不満は、二層構造になっているのだ。

表向きの不満は、中国人住民が応分の負担をしないという「ただ乗り」だ。ただ、より深い心の底では、そもそも自分たちの活動に入ってきてほしくないという思いが言葉や行動の端々に見えるのだ。

そんな住民の心理が垣間見えたのが、歳末の餅つきだった。

年の瀬が近づくと、団地では自治会が主催する餅つきがある。

商店街の広場で杵と臼で餅をつき、住民に配る。自治会員なら一パック無料、会員でない人や、会員でも一パックより多く求める人には三〇〇円で販売する。つきたての餅の味は格別で、毎年楽しみにしている住民も多い。

餅をつく作業自体も、重労働ではあるが楽しいイベントだ。二つの臼を並べ、住民が交代しながらつくのが、毎年恒例だ。

団地商店街の広場で毎年開かれる、
餅つきの様子（2018年11月）

二〇一七年、私が初めてこの行事に参加したときのことだ。

杵でつく人と餅を返す人が二人一組になり、「ヨイショ！」「ハイ！」とリズムを取りながら、テンポよく餅をついていく。

杵と臼で餅をつく様子は、中国人住民にとっては珍しいらしい。通りがかる住民の中には、餅つきの様子を立ち止まって眺めたり、スマホで写真を撮ったりする人たちがいる。

興味深そうに眺めている何人かの中国人住民に、岡崎さんらが杵を渡して体験してもらった。特に子供は大喜びで、初めて餅をつく様子を親がスマホで撮影して、盛り上がった。外国人住民も参加をした餅つきを、地元の新聞社や通信社の記者も取材に来た。

それは、日本人住民と外国人住民の、ささやかな交流の一場面に見えた。

ところが翌年の餅つきは様相が変わった。

餅つきの前に、自治会の役員会で、杵を買い替えることを決めたときのことだ。

「もう、できない人にやらせるのはやめようよ」

福島さんが提案し、ほかの何人かも同調した。

慣れない人が杵を振り下ろすと、餅ではなく臼を叩いてしまうことがある。「ゴツン」という音がして杵と臼が傷つき、表面がささくれ立ってしまうのだ。木片が餅に混じってしまうこともある。二〇一七年のときは実際に杵が傷つき、買い替えることになったのだ。

その結果、二〇一八年の餅つきでは、前の年のように外国人住民が代わる代わる餅つきを体験する場面はなくなった。

後日、福島さんに聞いてみた。「あの『できない人に杵を持たせるのはやめよう』というのは、中国人住民のことを言っていたんですか？」

福島さんは言った。「ちゃんとやってくれるんだったら別にいいんだよ。けど、臼だって高いし、木くずが混じると取るのも大変なんだよ。遊び半分でやられたら、こっちは困るんだよ」

福島さんは、「誰かがちゃんと餅のつき方を教えてからだったらいい」とは言う。

だが、思い返してみれば、二〇一七年の歳末餅つきのときも、外国人住民が餅をつくことを皆が歓迎しているような空気ではなかった。

「誰かが教えるなら」とはいっても、長年餅つきをやってきた古参の日本人住民が、中国人住民に懇切丁寧に餅のつき方を教える光景は、あのときの雰囲気からは想像するのは難しかった。

中国人住民の多くが自治会に未加入なことをめぐっても、同じような状況だ。

外国人住民の多くが自治会費を払わないことに不満の声は出るが、自治会が本気で外国人住民の加入者を増やそうとしているかというと、そうとも限らないのだ。

一緒に活動したいという前向きな意味で「もっと中国人住民にも自治会に加入してもらいたい」という声もないわけではない。岡崎さんのように、熱心に勧誘して外国人会員を増やそうとしている人もいる。だが全体としてみると、中国人会員を歓迎する雰囲気は感じられなかった。

新年会など自治会が携わる催しに中国人住民が顔を出すことがたまにあっても、岡崎さんや学生を除けば、多くの日本人住民は特に声をかけるわけでもない。日本人住民からすれば、顔見知りではないからということかもしれないが、初めて顔を出した中国人住民が「歓迎されていない」と居心地の悪さを感じたとしても不思議ではない。結局、顔を出すのは一度きりになってしまう。

私には、日本人の側が、「見えない壁」をつくっているように感じた。

もちろん、「壁」ができる原因は、すべて日本人住民の側にあるとは限らない。急速に中国人コミュニティが拡大している芝園団地では、買い物から友人同士の付き合いまで、日常生活のほとんどを彼らのコミュニティの中だけで完結させることができる。こうした環境に魅力を感じて引っ越してくる中国人も多い。結果的に、中国人コミュニティと日本人コミュニティに分かれ、そこに「壁」が生まれるという側面はある。

ただ、中国人住民の側には「もっと日本人と交流したい」という人も少なくないのに対して、日本人住民の側には、中国人住民と距離を置く行動や言葉を、日常生活の多くの場面で見聞きするのだ。

岡崎さんは「外国人だからというのは表層で、その前提となる深層に、自分たちの枠組みを理解していない人、知らない人には自分たちのコミュニティに入ってきてほしくないという気持ちがあるのではないでしょうか」と語る。

確かに、自治会活動に垣間見える「敷居の高さ」は、外国人住民に限ったことではない。自治会員の中でも、さまざまな催しに積極的に顔を出すような人たちは、長年住んでいる顔見知り同士が多い。新しい住民をどんどん受け入れて発展させていこうというよりも、長年やってきた仲間同士で楽しむ、サロンのような雰囲気が自治会にはある。外国人云々以前に、そもそも見知らぬ人に自分たちのコミュニティに入ってきてほしくないのでは、というのが岡崎さんの見方だ。

確かに、日本人であろうと外国人であろうと、新しい住民に対する壁は感じるときがあった。ただ、相手が日本人住民の場合は「Aさんは団地の決まりごとをわかっていないのに、これまでのやり方に意見を言う」など、一応の理由があるのに対して、外国人住民の場合は個人よりも、最初から「中国人住民」と一括りにして距離を置いてしまう傾向があった。同じ新しい住民でも、外国人住民に対する敷居の高さは、質的に異なるのだ。

少数派になる不安

日本人住民の心の中に、中国人住民に対する心理的な壁ができる理由は、ほかにもある。

高津商店が閉店した場所には、
中国人経営の肉や魚を売る店ができた

「私たちの団地」だったはずが、いつのまにか自分たちだけの団地ではなくなり、気づいたら自分たちが少数派になっている。そのことへの漠然とした不安だ。古くから住む日本人住民が、そうした思いの片鱗を口にするのが、団地の中の商店街だ。

日本人住民が減り、中国人住民が増えるのと並行して、団地の商店街は急速にその姿を変えつつある。

第一章でも触れた通り、団地の商店街の「メインストリート」ともいえる七つの店が並ぶ一角は、私が住んでいる間にも次々と店が入れ替わった。

私が引っ越してきた二〇一七年当時、長年営業してきた日本人経営の店が二つあった。一つは昔ながらの中華食堂「陽華宴」、もう一つは酒や米を売る「高津商店」だった。

ところがいずれも店を閉め、ついに日本人が切り盛りする店は一軒もなくなった。中でも昔から住む住民が惜しんだのが、高津商店の閉店だ。

団地ができたときから営業してきた高津商店は、酒や米のほか、店主の高津健次さん自ら全国を歩いて選んだ食品なども売り、団地の住民に長年親しまれてきた。

高津さんは、団地の広場でのナイトバザールなど地域を活性化させるためのさまざまなイベントを企画してきた。商店会の中心メンバーの一人で、自治会の役員を引き受けていた時期もあった。二〇一三年、芝園団地で初の日本人と中国人の文化交流イベント「ニーハオ芝園フェスタ」を企画したのも、高津さんだ。

六六歳という年齢は、団地に長く住む日本人住民の中では若いくらいだが、「やりたいことは皆やった。体が動くうちに、次の人生を楽しみたい」と引退を決めた。

二〇一七年九月、団地の住民らお世話になった人たちが高津さんと陽華宴の店主の慰労会を開くことになった。

団地内の集会所を借りて三〇人ほどが集まった慰労会は、かつて商店街で店を開いていた人たちも出席し、商店街の同窓会のようだった。私の隣には、団地で魚屋を開いていた老夫婦が座り、皆が昔話に花を咲かせた。

「昔はほんとにいろんな店があって、にぎやかだったのよ。お肉屋も魚屋も八百屋もみんなあって……。いまは中国の店ばっかりになっちゃったけどねえ」

かつて商店街に店を出していたという、八〇代の女性が語った。

芝園団地商店街は全体で二〇店にも満たないが、私が引っ越してきた二〇一七年以降だけでも五店舗が店を閉め、空き店舗が目立つようになってきた。

「次は日本の店が入ってほしいねえ」。日本人住民の間では、どこかが閉店するたびにそんな言葉が交わされるが、たいていはそのまま空き店舗の状態が続くか、中国人向けの店が入るかのどちらかだ。

私のように新しく引っ越してきた住民には、過去の団地の記憶がないので、その風景が頭に浮かぶことはない。

だが、昔を知っている住民は違う。

かつて自分たちが毎日のように買い物をした商店街は、もう消えた。中国語の看板が並ぶいまの商店街は、自分たちが足を踏み入れることはない別世界だ。自分たちがにぎわいの中心にいた時代の記憶があるがゆえに、目の前の現実に寂しさや苦い思いがこみ上げてくる。

「商店街に行っても日本人の店がない。スーパーで買い物をしていても、日本語の会話が聞こえない……。言葉は悪いけど、昔からの住民は乗っ取られたような気持ちを抱いているんです」

かつて商店街で働いていた、元住民の女性の言葉だ。

「私たちの団地」という意識

少数派になるという住民たちの不安。それは裏を返せば、ここは本来、「私たち」の団地なのだという意識の裏返しだ。

ふるさと祭りでの芝園団地テニスクラブの出店場所をめぐる一件の後、私はテニスクラブのメンバーの一人で、「トランプの言葉を芝園団地の広場で叫びたいぐらいです」と訴えるメールを送ってきた池谷延夫さんと連絡を取った。

池谷さんが最初に送ってきたメールには、本人のこれまでの人生や団地の現状への思いがつづられていた。最も伝えたかったのは、以下の一節のようだった。

〈日本人五千人の居住者はすでに半数以下になりました。日本人だけでも人生模様はそれなりにあります。

しかしどうでしょう?! そういった風情に異国の人たちが突然降って湧いてきたとは失礼だが、私たちには関係ない形で住み始めたのです。この流れで感じることは「彼らにはここで培われた風情を壊し、不快にさせる権利はない」ということです。まともな人間なら「よそ様の家か庭に住む」くらいの遠慮と、自分たちが住むために知るべき情報を我々から得る積極性が必要だと私は言い切りたい。

グローバリゼーションとか国境がない自由とか、観念でしかとらえない意見がいかに無防備な非現実的なことか、人々は知るべきであろうと思います〉

池谷さんは、現在は芝園団地隣のマンション「芝園ハイツ」の住人だが、もともとは芝園団地に住んでいた。URの賃貸住宅と民間の分譲マンションという違いはあるが、同じ町内で隣接していて、日頃から交流が深い。

池谷さんの言葉には、この場所は自分たちが長い人生を過ごしてきた「我々の家」であり、後からやってきた中国人は「よそ様の家」に住むくらいの存在であるべきなのだという、強い思いが込められていた。


池谷さんとは喫茶店で何度か会い、話を聞かせてもらった。

本人の話を聞いてみると、外国人や異文化そのものに嫌悪感を持っているわけではなかった。青年時代に南米ウルグアイに渡って大学で学び、その後は日本の大手繊維会社や貿易会社で働き、世界を飛び回った。米国や欧州でのビジネスの経験も豊富で、英語とスペイン語を流暢（りゅうちょう）

に操る人物だ。

その池谷さんがなぜ、「トランプの言葉を広場で叫びたい」とまで言うようになったのか。

何か一つのことがきっかけというわけではないという。「この団地は楽しい場所だった。おもしろいことが一年中あった。そういう中に違うものがポンと入ってきた。その瞬間みんな、同じように思ったんじゃないの。じわーっとくる違和感というか……」

その「違和感」が積もっていき、ある時点で中国人住民に対する気持ちが変わってしまったのだという。

「バーンと消えたんですよ。ある瞬間に、心から消えてしまったんです」

「違うもの」が入ってきたことによって感じる「違和感」。池谷さんにとってのそれが何だったのか。いくつかヒントになる話があった。

池谷さんが強調した一つは、「彼らはなじもうとしない」ということだった。中国人コミュニティの中だけで生活し、もともとあった団地の日本人コミュニティに溶け込もうとしないという訴えだ。

池谷さんが所属する「芝園団地テニスクラブ」には中国人の会員も何人かいるが、池谷さんは中国人住民一般と彼らを明確に区別して語った。「あの人たちは全く問題ない。なじもうという人たちが来ているから。いろんな話も率直に言い合える」という。

もう一つ、池谷さんが具体的に起きたこととして挙げたのが、団地の敷地内にある運動場の使い方だ。

テニスクラブは長年、運動場の一角をテニスコートとして使っている。専用のテニスコートではなく、グラウンドの一角にラインを引き、ネットを張ったものだ。事実上そこが「テニスクラブの場所」であることは、管理事務所も自治会も認識している、暗黙の了解といってよかった。

一方で数年前から、週末に中国人住民やその友人が集まり、運動場でサッカーをするようになった。ボールやプレーをする人たちがテニスクラブのコートまで入ってくるようになり、注意をしたこともあるという。「二〇人くらい来るようになって、いままでなかったことが急に起きた。どこに許可を取ったんだと聞いてもはっきり答えない。だから僕は、ごみを出すなとか、こっちにボールが来たら戻すから、あんたたちもテニスボールが行ったら戻せとか、いろいろ言ったんだ」と話した。

もっとも最近では一定の棲(す)み分けもできてきているようだ。ベトナム人やバングラデシュ人など新しく運動場を使うようになった外国人に、中国人が使い方の注意をするという「不思議な現象」も起きていると池谷さんは話した。

池谷さんは、芝園団地を「間違った移民政策の実験場」と呼んだ。行政やURが確たる計画もないまま外国人住民を受け入れ、団地で生活するうえでのルールも教えずに放置している、というのが池谷さんの訴えだった。

初期のころから外国人にもわかりやすい形でごみ出しなどのルールを伝えるといった対応をしていれば、その後の団地の姿はだいぶ変わっていただろうという指摘は、岡﨑さんからも聞いたことがあった。生活習慣をめぐるトラブルが増えたことが、日本人住民の中国人住民への心象を悪くしたからだ。その意味では、「URにも行政にもグランドデザインがなかった」という池谷さんの指摘は、一理あるように思えた。

一方で、「他人の庭に住むくらいの謙虚さが必要だ」という言葉には、考えさせられた。団地が完成した当時、住民はすべて日本人だった。当時の公団住宅は、外国人の入居は認められていなかったからだ。そこはまさしく、「私たち（日本人）の団地」だった。

しかし、いま入居している外国人住民は、入居審査にあたっての収入条件も家賃も、同じ条件で団地に住んでいる。選挙権など、日本に住む日本人と外国人の間で権利の違いはあるが、少なくとも団地の入居者としては、同じ権利を持っている。

芝園団地はもう、「私たち」だけの団地ではなくなっているのだ。

生活トラブル

芝園団地の日本人住民が抱く「もやもや感」や、外国人と距離を置く「見えない壁」の底流には、「ここは私たちの団地なのだ」という意識がある。

ただ、外国人が増えた初期のころに多かったという生活にまつわるあつれきも、日本人住民の意識に大きく影響してきたのは事実だ。

芝園団地に限らないが、外国人が多く住む団地などで起きる生活トラブルは、共通する傾向がある。ごみと騒音に関するものがトラブルの大半を占めるのだ。芝園団地の場合はほかに、子供用の三輪車を廊下に置くなど、共用スペースの使い方をめぐる問題も時折耳にする。

芝園団地の外国人住民は、二〇〇〇年代半ばに千人を超えた。自治会長の韮澤さんをはじめ、長年団地に住む複数の住民によると、このころからごみが分別されず捨てられたり、ベランダからごみやたばこが投げ捨てられたりといった問題が増えてきたという。第一章で触れたように、二〇一一年には自治会とUR、川口市役所による三者協議が開かれ、対策が話し合われた。その後、さまざまな対策が講じられて生活トラブルは徐々に減っていったというのは、前述した通りだ。

一方、いまも解決されていない問題が、粗大ごみの放置だ。

団地内には、各棟にごみ置き場が置かれている。一般ごみやリサイクルなど、種類ごとに定められた場所に置く決まりだ。

ごみ置き場の横には、家具などの粗大ごみが置かれている。ほかの自治体と同じく、川口市でも粗大ごみを出す場合は、コンビニなどでごみ処理券を購入して貼ることになっている。

だが、団地のごみ置き場にある粗大ごみの多くには処理シールが貼られておらず、放置されたままになっている。洗濯機や冷蔵庫など、家電リサイクル法に基づき市のごみ収集の対象外になっている物も、放置されている。

やがて放置された粗大ごみは増え、どこかのタイミングでURがまとめて撤去する。撤去費用は、住民が毎月支払っている共益費から引き落とされる。

URは、「不法投棄禁止」の看板をつけるなど、対策を取ってはいる。二〇一八年にいくつかのごみ置き場に監視カメラを設置したときは、一時的に不法投棄はなくなったが、結局数か月で元に戻ってしまった。

日本人住民の間では「中国人住民が粗大ごみを放置している」という見方が根強くある。古くから住む住民たちに聞いてみると、少なくともかつては、これほどの粗大ごみの放置はなかったことは、間違いないようだった。中国人住民は比較的短期間で引っ越すことが多いことや、テレビや冷蔵庫などのいわゆる家電四品目は処分方法が複雑で、外国人にはわかりにくいことも一因かもしれない。

ただ、粗大ごみの中には、外部から持ち込まれているものもあった。芝園団地は外部から車が自由に出入りできる。外部から入ってきたトラックが粗大ごみを積み下ろしているという連絡を、自治会役員が受けたこともあった。逆に、夜中に粗大ごみを持ち去っていく車もあるようだった。URや市が撤去したわけではないのに、放置されていた粗大ごみがなくなることが、しばしばあるのだ。

いずれにしろ、粗大ごみを放置していくのが中国人住民ばかりとは限らない。だが、一部の日本人住民の不満は、思わぬ形で中国人住民に向かうこともあった。

二〇一七年五月のある日、私が住む棟のごみ置き場横に放置されていた冷蔵庫に、マジックでこんな落書きがされていた。

不法投キ　支那人

冷蔵庫はそのまま放置されていたが、数日後に新しい落書きがされているのを見つけた。

今度は、「支那人」という言葉の上にマジックで二重線が引かれ、そのうえに「日本人」と上書きされていたのだ。

誰が書いたのかはわからない。だがそれは、すべてを自分たちのせいにされることへの、中国人住民の反発かもしれなかった。

ステレオタイプ

この粗大ごみの問題を除けば、生活トラブルがかつてよりも減ったことは、多くの住民が認めるところだ。問題は、生活トラブルが減った後も、中国人住民に対する否定的なイメージが一部の日本人住民の間に残り、「ルールを守らない」「うるさい」といったステレオタイプにつながっていることだ。

団地ではいまも、敷地内にごみが落ちているなど何か起きるたびに「中国人住民じゃないか」という声が上がったり、実際に自分が目にしたわけでもないのに、「中国人住民が……」と非難する声が出たりすることがある。

二〇一八年春の自治会総会では、こんなことがあった。

総会の後の、懇親会の席でのことだ。

一人の高齢の住民が、自治会長の韮澤さんに話しかけてきた。

「会長、外人はこれからもっと増えるんですか」

「そうかもしれんね」

「増えてほしくないねえ。だいたい日本語が通じないんだから。それに、夜一一時まで広場で大きな声を出してしゃべっているんだ。本当に迷惑だ」

男性の訴える夜の騒音問題は、確かに一部の棟の住民から聞いたことがあった。団地の中心にある通称「たまご広場」で、夜遅くまで中国人の子供たちが遊んでいることに対して、「うるさい」という苦情が出ることがあるのだ。

そばで二人のやりとりを聞いていた私は、この男性に「何号棟に住んでいるんですか?」と聞いてみた。男性は私と同じ棟に住んでいた。この棟は団地の一番奥にあり、離れているたまご広場の声が聞こえることはまずない。私は男性に確認してみた。

「けど、その棟なら、たまご広場の声は聞こえないですよね」

「一二号棟や一五号棟の住民はみんな迷惑しているんだ。なんとかならんのか。よっぽどさっきの総会で言おうかと思ったけど、中国の人がいて気を悪くしたら悪いと思って言わなかったけど」

これだけ怒っているのだから直接何か被害にあったのかと思いきや、人づてに聞いた話で怒っているのだ。

男性は気分が収まらないらしく、「あんなのは、騒乱罪にならないのか？」と誰に語るでもなく、不満を口にし続けていた。

芝園団地で暮らしていると、外部の人たちから「実際のところ、いろいろ問題は起きているのでしょうか？」と聞かれることがある。

生活上の騒音に関して言えば、これまで住んだ賃貸物件と同じ程度に、隣の部屋や上の階から物音がすることはあるが、少なくとも私の部屋では気になるほどの騒音は聞いたことがない。団地の掲示板には、騒音の苦情が寄せられると注意の張り紙が貼られるが、生活の騒音自体は外国人に限ったものではない。

芝園団地に住む中国人住民の場合、部屋に大勢で集まって酒を飲んだり騒いだりするといった話も聞かない。一方、近年は小さな子供を持つ世帯が増えてきたせいか、子供の生活音に関する苦情は耳にする。ある知人の高齢女性は、「うちは両隣とも中国人で、うるさいということはない。上の階からは子供が走り回ったりする音がするけど、よく考えたらうちも子供が小さいころはこんな感じだったのかなって。お互い様と思うようにしている」と話す。

粗大ごみ以外のごみの分別やバルコニーからの投げ捨てといった問題は、いまではあまり見聞きしない。

だが、一度固定化された中国人住民に対するステレオタイプは、なかなか消えることはない。

そして、少なくなったとはいえ生活にまつわる問題が起きると、再びこのステレオタイプは強化される。

隣に住む日本人の住民が騒音など生活上の問題を起こしても「隣の○○さん」の問題として語られる。ところが、相手が中国人住民だった場合は、「やっぱり中国人は……」と、中国人全体の話になりがちなのだ。

一方、世間一般では外国人が増えることに対する懸念の一つとして挙げられることが多いが、実際には芝園団地では問題にはなっていないこともある。その一つが治安だ。

外国人受け入れ拡大の議論になるとき、しばしば出るのが「治安が悪くなるのでは」という声だ。ただ、芝園団地では、ごみや騒音に関する不満を口にする日本人はいても、「中国人が増えて治安が悪くなった」「犯罪が増えた」という声を聞いたことは一度もない。これは、昔もいまも一貫しているようだ。

にもかかわらず、SNS上では「治安悪化」などといった書き込みが散見される。こうした書き込みはステレオタイプを通り越して、偏見に基づいたデマというべきものだ。

第四章 中国人住民の実像

芝園かけはしプロジェクトの学生たちが開いた書道教室

芝園団地に住む中国人はどういう人たちが多いのだろうか。彼らはなぜ芝園団地に住み、日本人住民との関係をどう思っているのか。

中国人社員旅行への視線

芝園団地に住んで一年が経つころには、日本語教室や自治会の活動を通じて、中国人住民の知り合いも徐々に増えてきた。その中の何人かとは、一緒に荒川を自転車で走ったり、中国料理店に食事にいったりと、友人として親しく付き合うようになった。

その一人が、IT技術者を派遣する会社を経営する、王世恒（ワンシーホン）さんだ。

もともと北京の大手日系企業でIT技術者として働いていた王さんは、二〇一二年に来日した。日本でもIT技術者として仕事をしていたが、やがて自分で会社を立ち上げた。四〇代の王さんとは比較的世代が近いこともあって、時折会って食事をしながら、王さんの仕事のことや、日本での生活について話す間柄だ。

知り合って間もないころ、団地の向かいの中国料理店「広源」で食事をしているときのことだった。団地についての何気ない会話の合間に、王さんがつぶやいた。

「私たちは、よく思われていないですね」

少し、どきりとした。芝園団地がネット上であれこれ書かれていることを、彼らはやはり知っているんだ、と思った。もっと話を聞きたいと思ったが、このときは知り合って間もないころだったこともあり、あまりこの話題を掘り下げるのは控えた。

数か月後、今度は西川口にある中国東北地方の郷土料理店に行った時のことだ。あの時の言葉が気になっていた私は、切り出した。

「王さんは以前、『自分たちがよく思われていない』って言っていたじゃないですか。あれはどういう意味で言ったんですか?」

「鉄鍋」という煮込み料理をつつきながら、王さんは答えた。

「ごみのことや騒音のことで、私たち中国人に悪い印象を持っている人がいますね。でも、日本に来たばかりの人はごみの捨て方に問題があるかもしれないけど、ずっと住んでいる中国人はちゃんとやっていますよ」

王さんの言っていることに、思い当たる節はあった。

一口に中国人住民といっても、実際にはさまざまな人たちが住んでいる。最も多いのはIT技術者として働く独身の男女や若い夫婦だ。彼らの中にも、来日して間もない人もいれば、何年も住んで日本での生活になじんだ住民もいる。

IT技術者以外にも、多様な人たちが住んでいる。孫の面倒を見るために短期滞在している高齢者もいれば、日本で育った子供が中国語よりも日本語が流暢になり、子供との日常の会話の中に自然に日本語が混じる家族もいる。

この「中国人といっても色々。ひとくくりにしないでほしい」という声は、ほかにも何人もの中国人住民から聞いた。


芝園団地に限らず、日本に住む中国人は多様になっている。だが、日本人の側はいまだに「中国人」とひとくくりにしがちだ。

私自身、そうした「日本人の中国人への目線」を身をもって体験したことがあった。

二〇一八年の夏が終わるころ、王さんから電話があった。

「私たちの社員旅行に一緒に行きませんか?」

聞けば、バスを借り切って伊豆に行くのだという。中国人の社員旅行に参加できるとはめったにない機会だ。二つ返事で「行きます!」と伝えた。

旅行当日、集合場所の東京駅前には社員とその家族合わせて約八〇人が集まった。そのうち何組かは、王さんと同じく芝園団地に住む社員だ。参加者のうち、日本人は私ともう一人の王さんの友人、そして王さんの会社で働く日本人の営業担当社員の三人だけだ。

大型バス二台に分乗して、伊東の温泉旅館に向けて出発した。会社の事務を担当する女性社員が、全体の旅程を管理して案内役も務めた。名前からてっきり中国人社員かと思っていたら韓国人で、車内のアナウンスも「私は中国語は話せませんので、わからない人がいたら近くにいる人が通訳をしてあげてください」と最初に断って、すべて日本語で通していた。

社員は二〇代から三〇代と皆若く、日本語は日常会話程度なら不自由しない人が多い。日程も、典型的な日本の社員旅行とほとんど同じだった。ホテルにチェックインした後は、海水浴に行ったり海辺を散策したり。全員がそろった夕食では酒も出たが、中国人は日本人ほど酒を飲まない。一人だけ、社員の父親で六〇代の男性が、中国の蒸留酒「白酒」を持ち込んで「飲むか？」と皆に勧めていたが、若い社員たちはビールに口をつける程度で、断っていた。

夕食の後は、ボウリングや卓球を楽しみ、最後は皆でカラオケボックスへ。中国語の歌もそろっている店だったが、若い男女が歌う曲は、日本語と中国語が半々くらい。大黒摩季の歌や『新世紀エヴァンゲリオン』のオープニング曲「残酷な天使のテーゼ」など、私が知っている歌もあったが、多くの日本語の曲は、彼らと世代が違う自分にはわからない歌だった。

私の隣では、白酒を飲んでほろ酔い気分になったくだんの男性が、「日本と中国は、昔はいろいろあったが、俺とお前は友達だ！」などと語りかけてきた。

男性は私に気を使って「一緒に歌おう」と「北国の春」を入れてくれた。この曲はかつて中国でもカバー曲が大ヒットし、もっとも有名な日本の歌の一つだった。ただ、今どきの若者にはピンとこないらしい。若者同士で盛り上がっているところに突然演歌を歌う中高年二人が割り込んできたような、微妙な空気になってしまった。

とはいえ、社員旅行は楽しく、内容も盛り沢山だった。そして、私がこの二日間の旅行でもっとも興味深かったのは、中国人社員たちの振る舞いではなく、行く先々の日本人従業員の、中国人団体客に対する態度だった。

伊豆半島をバスで移動している途中、ビュッフェスタイルの団体客向けレストランで、昼食を取ったときのことだ。

「最初に説明をするので、座ってください！」

びっくりするような大きな声で、案内する店員が声を張り上げた。皆が食事を取りに行く前に、食べ放題のシステムを先に説明しておくためだ。

私たちは皆案内されたテーブルにいて、別に誰かが先に食事を取りに行こうとしていたわけではなかった。それなのに、その男性従業員は呼びかけているというよりも、注意をしているような表情と口調だった。

移動のバスの中では、小さな子供が座席を離れて通路を歩いたときがあった。すると運転手は子供を座らせておくよう注意をしたうえで、真ん中あたりの座席にいた私にまで聞こえるような声で「運転中に子供が歩くとか、ありえないですから！」といらだった口調で言った。もし日本人の団体客だったら、同じことが起きたときに、こんな口の利き方をするだろうか。行く先々すべてではないが、こうしたことが何度かあった。最初から「トラブルを起こしそうな団体客」として扱われているような気配を感じるのだ。

伊豆は観光地なので、中国からの団体旅行客も大勢やって来る。習慣が違ううえ、外国旅行に慣れていない団体旅行客との間で何かトラブルがあり、そうした積み重ねがこうした対応につながった可能性はある。団体客を受け入れる日本人の従業員からすれば、私たちも中国から来た団体旅行客と同じ「中国人の団体客」だったのかもしれない。

ただ、私たちのグループの中国人は、大半がすでに何年も日本に住み、カラオケで普通に日本語で歌うような若者たちなのだ。実際、二日間の旅行の間、日本のルールやマナーを逸脱したような行動は目にしなかった。ボウリング場では、ガター（レーン横の溝）に落ちて止まったボールを動かそうとしてレーンに入ったときに、「入らないでください！」と注意されたが、知らずに入ってしまったのは、私ともう一人の日本人男性だった。

私にとってこの旅行は、「日本に住む中国人」を疑似体験することだった。

このとき以来、「中国人とひとくくりにしないでほしい」「すべての中国人のマナーが悪いわけではない」と訴える芝園団地の中国人住民の気持ちが、実感を伴って理解できるようになった。

住民の多くはIT技術者

芝園団地に住んでいる人たちは、どんな暮らしをしている人が多いのだろうか。

さまざまな外国人が住む芝園団地だが、やはり最も多いのは、IT技術者としてプログラミングの仕事をする人たちだ。統計はないが、王さんは「世帯でいえば八割くらいではないですか」と言う。実際、私がボランティアをしている芝園日本語教室にやってくる中国人も、多くがIT技術者か、その家族だ。

彼らの多くは、IT技術者を派遣する企業に所属し、派遣先の企業でシステム開発やメンテナンスといった仕事をする。一つの派遣先で働くのは数か月が多いが、一年を超えるときもある。職場は、日本人と中国人が混在するチームもあれば、メンバーは中国人だけというチームもあるそうだ。

なぜIT技術者の外国人の中でも、これほど中国人が多いのか。

団地住民のIT技術者に聞いてみると、漢字が理解できることがアドバンテージになっているようだ。作業自体はプログラミング言語を使うので、仕事でそれほど高度な日本語能力が求められるわけではない。だが、システム開発の設計図にあたる仕様書は、日本語で書かれている。その点で、漢字が理解できる中国人は有利なのだという。

彼らの多くは、中国で理工系の学部を卒業し、何年か働いた後に「技術・人文知識・国際業務」という在留資格を取得して、日本にやってくる。二〇一五年に新設された「高度専門職」という新たな在留資格を持つ人も一部にいる。

団地内にある公民館で開かれている「芝園日本語教室」。学習者の多くは、団地や周辺に住む中国人のIT技術者だ

芝園日本語教室で出会った羅仲寅(ルオジョンイン)さんも、こうした典型的な中国人住民の一人だ。

三三歳の羅さんは中国の湖南省生まれ。大学卒業後、上海と広州でＩＴ技術者として数年働いた後、二〇一七年に来日した。「団地の中は広いし、通勤にも便利なので暮らしやすいです」と話す。

来日した理由を聞いてみると、こんな答えが返ってきた。

「中国で日本関連の仕事をアウトソーシングで請け負っていて、そのときに日本に行くことにしました。日本人はマナーがいいと思って日本に行くことにしました。それと、日本のほうが空気がいいことも理由です」

ＩＴ技術者はそれぞれ得意とするプログラミング言

語があり、羅さんの場合はＰＨＰという言語でウェブサイトの作成をする仕事を専門にしている。現在の職場のチームは、中国人は羅さん一人で、ほかは日本人だという。聞けば、日本語上達のため、なるべく日本人が多い職場に派遣してもらえるよう、所属する会社にお願いしているのだという。

「いずれ日本の永住権を取得したいと思っています。将来は開発チームを統括するプロジェクト・マネジャーの仕事ができるようになりたい。そのためにも、もっと日本語を上達させたいです」と話す。

「典型的な中国人住民」と書いたが、出身地でいえば、羅さんのように上海や広州のような大都市からやってくる中国人技術者は、それほど多くない。団地で最も多いのは、遼寧省、吉林省、黒竜江省という中国東北部の三省からやってくる人たちだ。

この東北三省の出身者が多いのは、ＩＴ技術者に限らず、近年の中国人住民に共通する傾向だ。団地に長く住む中国人住民によると、当初は福建省など中国南部の沿海部の出身者が多かったが、ここ数年新たにやってくる中国人は東北地方の出身が圧倒的に多いという。芝園団地の広場では、孫の面倒を見る高齢者が集まって談笑をしているが、東北地方出身者、福建省出身者など、出身地域によって談笑するグループも分かれているのだという。

団地に住む住民は、日本人住民と比べると、比較的住む期間が短いのが特徴だ。
初来日で芝園団地に住む住民は、自分で部屋を探して芝園団地にたどり着いたのではなく、勤務先が借り上げた部屋に、寮として住んでいる人も少なくない。彼らの中には、日本での生活に慣れると別の場所に自分で引っ越す人もいる。逆に、ほかの場所から芝園団地に引っ越してくる中国人もいる。

団地の中心部にある、通称「たまご広場」。休日になると、大勢の中国人の親子でにぎわう

ここ数年芝園団地で増えているのは、就学前の小さな子供を持つ夫婦だ。

都心で働く比較的若い世帯向けにつくられた芝園団地は、もともと単身者向けの部屋は少なく、夫婦と子供といった核家族向けの部屋が圧倒的に多い。広い団地の中心部は車も通らないので、子供が遊んでも安心だ。

私と同じ棟に住む李さん夫婦も、そうした一人だ。夫の李進（リージン）さん、妻の李焱（リーイエン）さん共に三〇代後半で、五歳の子供がいる。

夫の李進さんはＩＴ技術者。システム開発も手掛ける世界的な大手コンサルティング会社の大連オフィスで働いていたが、二〇一七年に転勤で東京勤務に。当初は一年間の予定だったが、日本法人に転籍した。芝園団地に住むＩＴ技術者の中では、珍しい経歴だ。

二〇二〇年には子供が小学生になるので、その前に自宅を購入するかどうかを考えている。芝園団地に住むことにしたのは、中国人が多い団地なら、来日したころは日本語ができなかった妻の李焱さんも安心だと思ったからだという。

李焱さんは、「ここは中国人が多いので便利です。微信のグループがいくつもあって、中国の伝統的な料理をつくるときも、食材を誰かが買って皆で分けたりします。子供もほかの中国人の子供と遊ぶのを楽しんでいる。欠点は、中国語ですべて済ませられるので、日本語を使わないことです」と話す。「家を買って引っ越したら、近所づきあいが心配です。相手の言っていることを誤解しないかとか、ごみの分別をきちんとできるかとか」と李さん。日本語を上達させるため、最近コンビニの求人に応募したという。

李さん夫婦のように、日本に住み続けることを前提に、子供がある程度成長した段階で住宅を購入し、団地を出る中国人住民は多い。

団地の郵便受けには毎日のように不動産の広告が入っているし、中国人向けの住宅ローンの広告もある。団地の周辺には、中国人の顧客をターゲットにした不動産店をいくつか見かけるようになった。住宅ローンの営業スタッフが、団地の敷地内で即席の「住宅ローン相談会」を開いているときもある。

住まいを購入するのは、子供が小学校に入学する前が一つのタイミングのようだ。そのまま芝園団地の周辺でマンションや戸建てを購入する夫婦もいれば、別の場所に引っ越す夫婦もいる。

地元の不動産会社によると、中国人の場合は、子供の教育環境を重視することが多いのが一つの特徴だという。芝園団地に住む中国人住民の間では、文教地区として知られる浦和周辺が人気のエリアだ。李さん夫婦も選択肢の一つとして考えているという。

実際、団地に住んでいる親たちの話を聞いていると、子供の教育に熱心な親は多い。私も中国人の親から、「子供に中学受験をさせるため塾に入れたいが、どんな準備をすればいいのか」といった質問をされることがある。

団地の集会所や周辺地域では、中国人の子供向けの中国語の教室も開かれている。最初はなぜわざわざ中国語を学ばせるのだろうと疑問に思ったが、広場で遊んでいる子供たちを見ていてわかった。中国人の子供同士でも、日本語で会話をしている子供たちが少なくないのだ。

団地で育った子供たちは、幼稚園や保育園のうちは中国語で話すが、小学校に上がると日本語が急速に上達する。家の中では中国語で話しても、学校での授業や会話は日本語だ。親としては、子供が大きくなってもきちんとした中国語を使えるようにしておきたいのだ。

一方で、子供がある程度成長すると、一家で中国に帰国する家族もいる。

中国都市部と日本の賃金格差が少なくなったという収入事情に加え、中国の厳しい受験競争が背景にある。「小学校高学年や中学校になってから帰国しても、中国の勉強に追いつくのは難しい」とある母親は語った。

なぜ中国人住民が増えたのか

そもそも、なぜ芝園団地にこれほど多くの中国人住民が住むようになったのだろうか。

プロローグでも触れたが、芝園団地の家賃は相場と比べて必ずしも安いわけではない。

私が借りている部屋は、床面積が約四五平方メートルの1LDK。最寄りのJR蕨駅から徒歩一〇分程度で築約四〇年。家賃七万七二〇〇円と共益費と合わせると、ほぼ八万円の物件だ。

都心の賃貸物件に比べれば確かに安いが、埼玉県の同じ地域で比較すれば、同じような条件でもっと安い物件は見つかる。

URの賃貸住宅は礼金や仲介手数料、通常は二年に一度の更新料が不要なのが売りだが、そのことを勘案しても、民間の賃貸物件と比べて、価格面でそれほど大きなアドバンテージがあ

ると は思えなかった。

中国人住民も「都心よりは安い」とはいうものの、このあたりの相場としては「安くはないですね」と異口同音に口にする。

では特別安いわけでもないこの団地になぜ、多くの中国人が移り住むようになったのか。ネット上では揶揄するような文脈で「チャイナ団地」と呼ばれることもある芝園団地だが、その源流をたどっていくと、むしろ日本人社会の側が、いまの芝園団地の姿を作り出した面があることがわかる。

芝園団地に外国人住民が増え始めた一九九〇年代、外国人が民間の賃貸物件を借りることは難しかった。

当時、外国人の配偶者と暮らしていた私自身も、何度も「外国人お断り」の壁に突き当たった。契約するのは自分でも、配偶者が外国人であることを伝えると「申し訳ありませんが…」と断られることは珍しくなかった。

こうした状況はその後も長く続いた。

「外国人、特に日本に来たばかりの人にとっては、日本で部屋を借りるのは難しかったです」

二〇〇〇年代の半ばに芝園団地に引っ越してきたという中国人男性は、こう振り返る。

こうした中でURの賃貸住宅は、一定の条件さえ満たせば外国人でも入居できる、数少ない物件だった。

URの前身である日本住宅公団の賃貸住宅も、もともとは日本人しか入居できない時代があった。だが、一九八〇年代から永住資格を持つ外国人の入居が認められ、一九九二年には中長期の在留資格を持つ外国人の入居も認めるよう国が通達を出した。[*1]

URの賃貸住宅の場合は一定の収入があるという条件がある一方で、外国人にとって大きな壁となる保証人が必要ないことも、外国人が借りやすい一因だ。都心で働く外国人にとっては、外国人でも入居ができるうえ、家賃も都内ほど高くないという好条件がそろっていた。

いまでは、西川口や芝園団地周辺には中国人向けの不動産店があるなど、外国人が部屋を借りられないという状況は、かつてよりは改善されている。

とはいえ、入居差別はいまもなくなったわけではない。不動産店で賃貸物件の資料を見せてもらうと、いまも「外国人不可」と注釈がある物件が少なくない。芝園団地の近くで営業をしている不動産店に聞くと、「昔よりは減りましたが、いまでも外国人はとにかく不可という物件が六割くらいでしょうか。日本人の保証人がいれば可とか、日本語のレベルや国籍によってはOKという大家さんもいらっしゃいます」と話した。

法務省が二〇一七年に公表した「外国人住民調査報告書」によると、日本で住まいを探したことのある外国人約二千人のうち、約四割にあたる三九・三%が「外国人であることを理由に入居を断られた経験がある」と答えている。[*2]

芝園団地のように外国人が多く住む団地は、全国にいくつかある。こうした外国人の集住地域について、日本人の側はつい、「いつの間にか外国人が集まって住むようになった」と捉えがちだ。たがその源流は、外国人に対する入居差別という、日本社会の歪みが作り出したものとも言える。

外国人の側からすれば、入居できる場所が限られていたために特定の場所に集中して住むことになり、結果としてコミュニティの形成につながっていったのだ。

芝園団地がある川口市芝園町では、二〇〇四年に外国人住民が千人を超えた。徐々につくられていった中国人コミュニティは、やがてそれ自体が、さらに新たな中国人住民を引き寄せる要因となっていった。

いま、芝園団地に引っ越してくる中国人住民の多くは、中国人コミュニティがあることに魅力を感じて、ここで住むことを選んだ人たちだ。

団地の広場で子供を遊ばせている親たちに聞くと、「中国の店が多く、中国人も多いので住みやすい」という声が多い。

男の子が前の年に生まれたばかりという三〇代のIT技術者、王麗朋(ワンリーポン)さんは、「中国人がたくさんいて中国の商店やレストランもあるから生活は便利です。家賃も都内に比べれば安い。満足しています。子供が大きくなったら教育をどうするかも考えないといけないですね」と話す。

妻と四歳の男の子の三人で前年に越してきたばかりというIT技術者の佟海軍(ドンハイジュン)さんは、「妻はまだ日本語があまり話せないので、中国人が多いここなら安心するだろうと思って決めました」と話す。佟さんのように、自分は日本語にはそれほど不自由しないが、配偶者や、孫の面倒を見るために短期的に滞在する父母ら、家族のことを考えて芝園団地を選んだという人は少なくない。

実際、芝園団地に住んでいれば、日本語ができなくても日常生活はさほど不自由しなさそうだ。

団地の商店街や近隣地域に広がるのは、飲食店だけではない。調味料や食材を売る店はもちろん、中国人が経営する八百屋や、肉や魚を売る店もある。中国人向けの美容室やカフェも団地周辺にできた。

団地の中心部にある「たまご広場」では、中国人の高齢者たちが集まって談笑している姿をよく見かける。孫の面倒を見るために短期滞在をしている彼らは、日本語は話せない。それでも、芝園団地に住んでいれば買い物からこうしたほかの中国人との交流も含めて、生活に不自由することはない。子育てをしている母親同士など、中国のSNS微信を活用したネットワークもある。

芝園団地がある川口市芝園町の日本人住民が減り続け、中国人人口が過去一〇年と同じペースで増えると仮定すると、二〇四〇年代には、団地住民のほとんどが中国人になる計算だ。

かつて、自治会長の韮澤さんが私に打ち明けたことがあった。

「昔、URに中国人が増えすぎないよう制限してくれって頼んだことがあったんだよ」

「どうだったんですか?」

「それはできませんって」

それはそうだろうな、と思った。国籍によって入居者を選ぶというアイデアをURが採用することは、考えられないからだ。

ただ、このまま中国人が増え続けたときの芝園団地の将来像は、私も想像するときがある。住民のほとんどが中国人になり、その中ですべてが完結する場所。

中国の雑貨店で買い物をし、中国人経営のレストランで食事をし、中国人が経営する近所の美容院に行き、広場で中国人の友人とおしゃべりを楽しむ。そんな生活が可能なのだ。

だがその先にあるのは、外部の日本人社会との隔絶ではないか。それは、日本人にとっても中国人にとっても、望ましい姿とは思えなかった。

八割が「日本人住民と交流したい」

団地に住む中国人住民は、日本人住民との関係についてどう思っているのだろうか。中国人住民に聞いてみると、返ってくる答えは「日本人と接する機会はあまりない」というものが多い。

日本人住民と中国人住民の間には、世代の違いなど接点が生まれにくい構造的な要因がある。第一章でも触れた通り、芝園団地に住む中国人は、高齢化した日本人住民と比べると、圧倒的に若い。二〇代から三〇代の独身もしくは夫婦で、結婚している場合は未就学の小さな子供がいる家庭も少なくない。

URが二〇一九年二月に実施した住民アンケートによると、日本人は七〇代が三一・五%と最も多く、六〇代以上が全体の七六・四%を占めたのに対して、外国人は三〇代が六一%と最も多く、二〇代と三〇代の合計で八〇・三%を占めた。日本人は五九・六%が単身なのに対して、外国人は夫婦と子供という世帯が五二・五%となっているのも対照的だ。

この土地で育った地縁もなく、都心に通勤して日中は団地にはいない人たちは、地元の日本人住民と接する機会はない。小さな子供を持つ親はほとんどが中国人なので、子供を通じた団地内の交流も、中国人同士になる。

そして、二千人以上の中国人が暮らし、周辺地域にも次々と新しい店がオープンする中で、日々の生活は中国人コミュニティの中だけで完結させることができる。最初から、中国人コミュニティの中で生活できることに魅力を感じてこの場所を選び、その中での生活で満足している人も多いのだ。

一方で、「機会があれば、もっと日本人住民とも交流したい」という中国人住民も、少なからずいる。

住んでいて感じるのは、どちらかといえば日本人のほうが外国人住民との交流に関心が薄く、中国人住民のほうが、「もっと交流したい」と思っている人が多いことだ。仕事や留学など経緯はさまざまだが、自分の意思で日本に来た人たちだ。せっかく日本に住む以上、日本社会のことを知り、日本人とも交流したいと考えても不思議ではない。

芝園日本語教室にやってくる外国人住民に日本語を学ぶ動機について聞くと、「仕事で日本語を使う機会があるから」という答えが多い一方で、「日本のことを知りたいから」「日本人と交流したいから」と答える住民も一定数いる。

こうした傾向は、URの住民アンケートでも裏付けられた。日本語と中国語で全戸に配布したアンケートには、「外国籍（外国人住民の場合は日本国籍）の住民と交流や関わりを持ちたいと思うか」という問いがあった。

これに対して日本人住民は「思う」「やや思う」という回答が二割で、「思わない」「あまり思わない」が六割を占めた。一方で外国籍の住民の回答では、「思う」「やや思う」が八割にのぼったのだ。

アンケートの回収率は一〇・九パーセントで、外国人住民の回答は六五件と少なかったので、もともと団地の地域社会に関心がある住民が回答した可能性はある。だが、そのことを差し引いても、「もっと日本人と交流したい」という外国人住民が少なからずいることが、このアンケート結果からも見えてくる。

こうした外国人住民にとっては、学生団体「芝園かけはしプロジェクト」の交流イベントは、日本人住民と交流する貴重な機会となっている。

学生たちは月に一回、お菓子を作ったり書道教室を開いたり、一緒に楽しめるイベントを団地の集会所で開いている。小さな子供を遊ばせるためにやってくる中国人夫婦もいれば、日本人ともっと知り合う機会を求めてやってくる外国人住民もいる。イベントに参加した、団地に住むIT技術者の姜啓官（ジアンチーグアン）さん（三六）は、「団地の日本人との交流があまりないので、こういう場所があるとよいと思います」と語った。

ただ、かつてよりは落ち着いたとはいえ、いまも外国人住民の存在自体を快く思わない日本人住民は存在する。そうした人たちから向けられる視線は、外国人住民の心情にも影を落とす。日本語教室で知り合った黒竜江省出身の秦美浜(チンメイビン)さん(六七)は中国残留孤児の二世だ。娘夫婦と一緒に、家族五人で芝園団地に暮らしている。

秦さんは「日本人は他人のことを思いやる善良さがあると思う。日本の文化をもっと知りたいと思って日本語教室に通っています」と語る。ただ、「この団地には自分たちと違うからと私たちを嫌う日本人もいると思います」とも語った。スーパーのレジで会計をしているときに後ろから早くしろと大声で言われるなど、見知らぬ日本人から敵意のある言葉を浴びせられたことが何度かあるという。

「日本人に大声で怒鳴られたことがある」という訴えは、ほかの中国人住民からも聞いたことがあった。「日常的に外国人と接する若い世代と違って、この団地に多い七〇代から八〇代の人たちの中には、ほかのアジアの国々の人たちを下に見るような意識を持つ人もいる」(六〇代の元住民)という見方もある。

一部の日本人住民のこうした意識に加えて、日中という国同士の複雑な関係も投影されるのが、芝園団地の難しいところだ。

日本のＮＰＯ法人「言論ＮＰＯ」が二〇一八年に実施した日中共同世論調査によると、日本人の中国に対する印象は、「よくない」と答えた人の割合が八六・三％に達している。[*3]

二〇一四年の尖閣諸島国有化を機に対立が深まった日中関係は、ここ一、二年は改善基調にある。とはいえ、国家間の中長期的な関係を考えるとき、そこには構造的な緊張関係が横たわっているのも事実だ。

日中関係の安定は日本にとって極めて重要な外交課題だ。発展する中国市場への輸出拡大や訪日観光客の増加など、中国経済の成長は日本経済の成長にも寄与する。一方では、中国の軍事力の拡大と海洋進出は、日本が直面する最大の安全保障上の課題だ。実際に住んでいる中国人住民にそうした意識はなくても、芝園団地の現状を、中国の「膨張圧力」に直面する日本の現状と重ね合わせて、警戒感を示す日本人住民もいる。

「もう都会の若者は来ない」

ただ、このまま日本に住む中国人住民が増え続けるとは限らない、という見方もある。

芝園団地に住む中国人は増え続けているが、その中核となっているＩＴ技術者について、友人の王世恒さんが気になることを口にしたことがある。

「都会の若者はもう日本には来ませんよ」

どういうことか聞いてみると、中国の大都市では日本との賃金の格差が縮まっており、わざわざ日本に来て働くことの魅力が薄れているのだという。

同じような話は、別の団地住民からも聞いたことがあった。また、日本で働いていて子供がいる家庭の中には、子供の教育のことも考えて、賃金の格差がそれほどなくなったのなら中国に戻ろうと決める人もいるという。

私は芝園団地に引っ越してくる前、団地に住む大勢の中国人がどういう在留資格で住んでいるのか、不思議に思っていた。日本で働くビザが、それほど簡単に出るとは思えなかったからだ。

ところが、王さんに聞くと、「ビザはそれほど難しくないですよ。いまはＩＴの仕事は人手不足ですからね」という。ほかの中国人のＩＴ技術者たちに聞いても「ビザはそれほど大変ではなかった」と口をそろえる。

「仕事はたくさんあります」という王さんは、いつ会っても忙しそうだ。一緒に食事をしている間もスマホの画面をのぞいて、メッセージが来ると返事をしている。確かに、人手の確保には苦労しているようだ。王さんの会社の営業担当の社員によると、仕事が多い時期は、採用が決まると、その日のうちに派遣先の企業に連れて行くこともあるという。

王さんの言う通り、芝園日本語教室で出会うIT技術者たちの多くは、瀋陽や大連、ハルビンといった中国東北地方の出身者だ。

上海のような大都市からやってきた人も何人か会ったが、賃金というよりも日本自体に魅力を感じてやってきたという理由だった。前述の上海で働いていた羅仲寅さんもそうした一人だ。羅さんによると、「給料は日本と同じくらい。家賃は上海のほうが高いけど、食べ物は日本のほうが高いですね」と話す。

同じく日本語教室で会った、重慶市からやってきたIT技術者の男性も「日本のアニメやゲームが好きで、日本に来ることが夢だった」と日本にやってきた理由を話してくれた。

彼らの多くは、中国の大学で理系の学部を卒業して実務経験を積んでから、「技術・人文知識・国際業務」という在留資格で日本にやってくる。かつては「技術」と「人文知識・国際業務」という二つの在留資格だったが、二〇一五年度から統合された。頭文字を取って、「技人国(ぎじんこく)」という略称で呼ばれることもある。

政府の統計を調べてみると、確かにこの「技人国」の在留資格で日本に住んでいる外国人の数には、ある傾向がみられた。

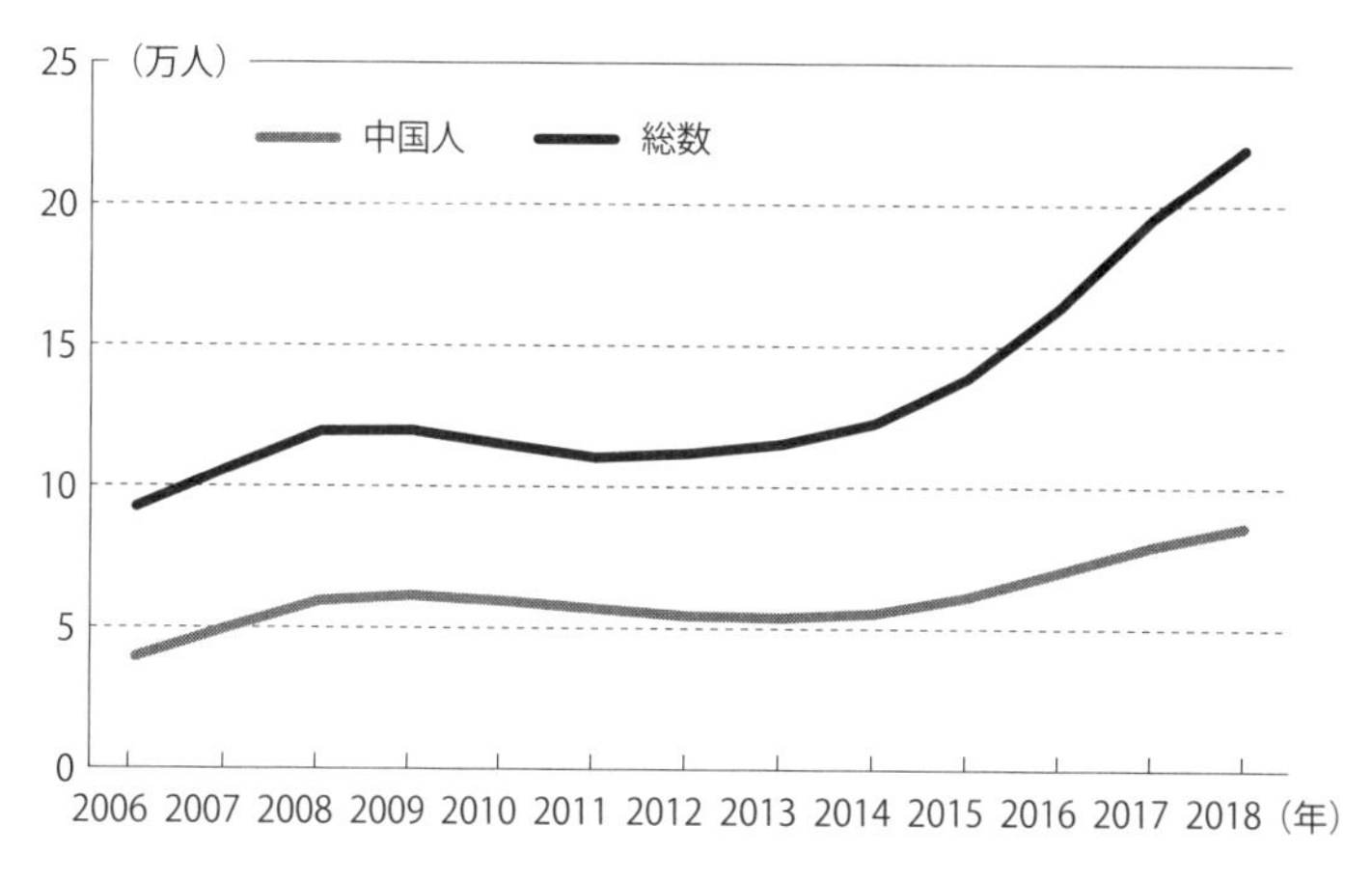

図4−1　在留資格「技術・人文知識・国際業務」で日本に住む外国人

出典：法務省・在留外国人統計
注：2014年以前は「技術」と「人文知識・国際知識」を合算

中国人の増加ペースが鈍る一方で、ほかの外国人が増えているのだ。

二〇一八年の時点で最も多いのは中国人の約八万人だ。だが、五年前と比較した増加の割合は一・五倍。これは「技人国」ビザで働く外国人数の上位一〇か国・地域の中で、イギリス、米国に次ぐ低い伸びだ。この結果、「技人国」全体の増加と比べると、中国人の増加のペースは鈍いものとなっている(図4−1)。

中国人の増加のペースが鈍る一方で、増加が著しいのがベトナム人の技術者らだ。「技人国」ビザで滞在する人数は中国に次ぐ二位で、五年前と比べると六倍に増えている。毎年のビザ発給件数をみると、中国人への発給は二〇〇八年のリーマン・シ

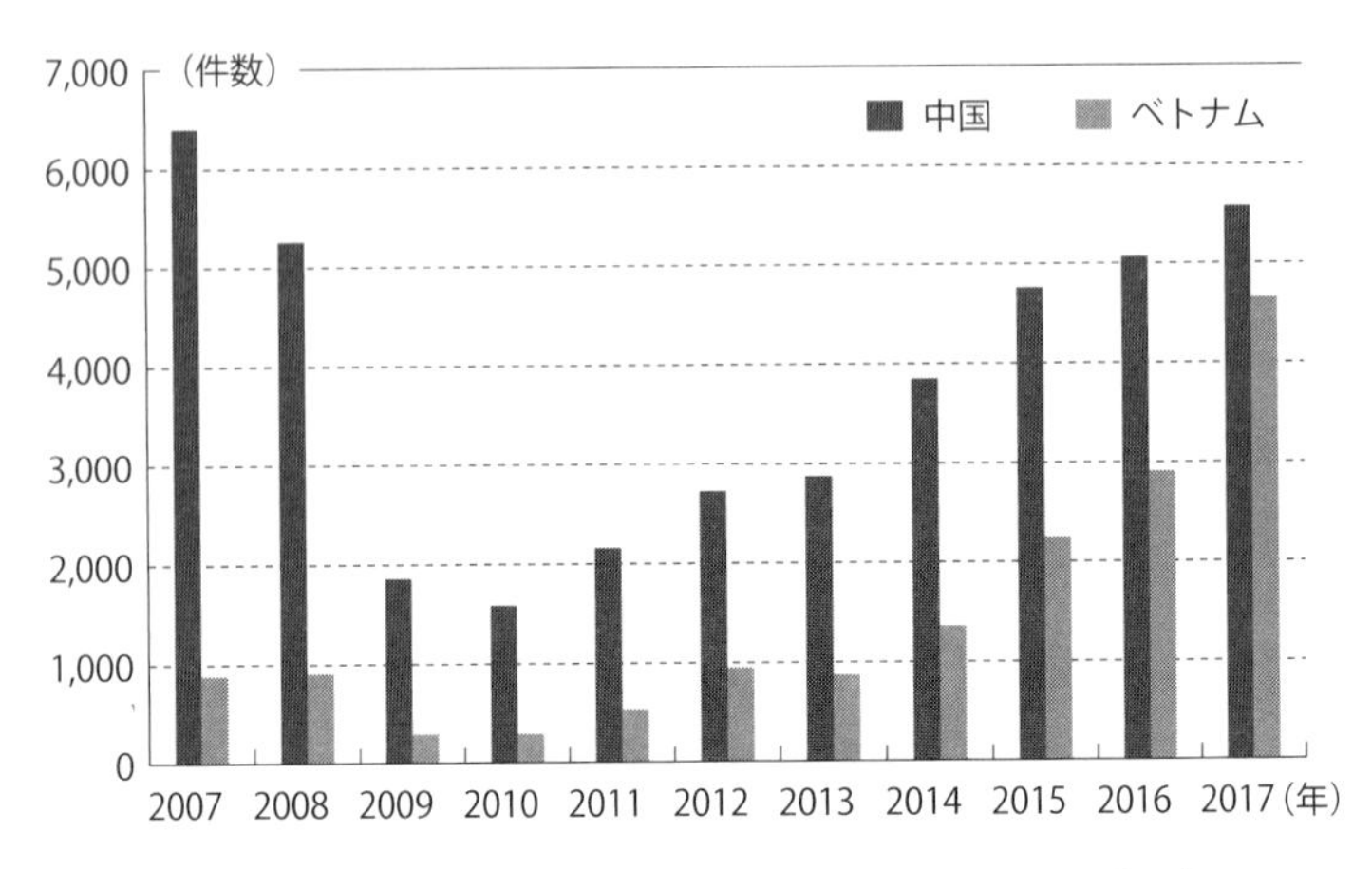

図4–2　在留資格「技術・人文知識・国際業務」の発給件数

出典：外務省・ビザ（査証）発給統計
注：2014年以前は「技術」と「人文知識・国際業務」を合算

ョックを機に大きく減少。その後回復傾向にあるものの、ベトナム人はそれを上回るペースで急増している。このままのペースで行くと、年ごとの発給件数で中国を上回るのも時間の問題だ（図4－2）。

もともと中国人のＩＴ技術者が日本で働くようになったのは、日本人だけでは人手が足りないからだ。だが、その中国人のＩＴ技術者も以前のような勢いでは増えず、代わりにベトナム人などで補っているという構図だ。これは、かつては中国人が大半だったがいまでは減り、代わりにベトナム人が最多となっている、技能実習生に似たような流れだ。

芝園団地では日本人住民が減り、その穴を埋めるように中国人のＩＴ技術者らが住むようになった。その中国人もやがて減っていき、ベトナム人らほかの外国人と入れ替わるときが来るかもしれない。

＊注

1　建設省住宅局通達「公営住宅の賃貸における外国人の取り扱いについて」（住総発第四五号　平成四年四月八日）

2　公益財団法人・人権教育啓発推進センター「外国人住民調査報告書」（２０１７年6月公表、法務省委託調査研究事業）http://www.moj.go.jp/content/001226182.pdf

3　言論ＮＰＯ「第14回　日中共同世論調査」（２０１８年10月）

第五章

共生への模索

差別的な落書きが書かれたベンチを学生と住民が塗り直してアート作品にした

団地内のごみ置き場。日本語と中国語、英語でごみの分別方法が書かれている

日本人と中国人の間に存在する「見えない壁」。一方では、住民や外部の大学生たちによる「壁」を越えるための試行錯誤も続いている。

芝園かけはしプロジェクト

一つの団地に住みながら、限られた接点しか持ってこなかった日本人住民と中国人住民だが、両者をつなぐ試みも少しずつ広がっている。その代表例が、学生によるボランティア団体「芝園かけはしプロジェクト」だ。

「次は何をいれるの?」

「砂糖じゃない?」

テーブルを囲んで桜餅づくりに挑戦していたのは、高齢の日本人住民と若い中国人の親子、そして大学生だ。二〇一九年三月。ひな祭りにちなんで桜餅や折り紙のひな人形をつくってみようと、「かけはしプロジェクト」が企画したイベントには、三〇人以上が参加した。

「かけはしプロジェクト」の発足は二〇一五年。その前年、自治会の岡﨑さんと知り合った大学生たちが、団地の商店会や自治会による国際交流イベント「芝園にぎわいフェスタ」を手伝ったのがきっかけだった。イベント後も継続して活動を続けていこうと考えた学生たちが、

「かけはしプロジェクト」を立ち上げた。

最初の取り組みが、二号棟にあるベンチの落書きを消して、アート作品に変えようという取り組みだった。ベンチには、「中国人帰れ」などと書かれた落書きがあった。学生と住民たちがベンチのペンキを塗り直し、学生や住民たちのカラフルな手形をつけて、アート作品にした。

私が芝園団地に引っ越してきた二〇一七年は、「かけはしプロジェクト」の活動が三年目にさしかかるころだった。

「かけはしプロジェクト」はこのころから、不定期だったイベントを毎月開こうとしていた。イベントは「かけはしプロジェクト」と自治会が協力して開くという形を取っているが、企画や事前の準備、当日の運営は学生が中心だ。自治会は、どういう企画なら住民が集まるかそのつど相談に乗ったり、当日の準備や後片付けを手伝ったりといった形で、学生を支える役回りだ。

学生団体「芝園かけはしプロジェクト」の交流イベントに参加した日本人住民と中国人住民。この日は一緒に桜餅をつくった（2019年3月）

学生と自治会はイベントのたびに、団地の各棟にある掲示板に日中二か国語の案内を貼り出して、参加を呼びかけている。

当初は数人しか来ないときもあり、まずは住民に参加してもらうのが大きな課題だった。このため学生たちは、以前参加した人たちに個別に電話をかけたり、団地の中でチラシを配って呼びかけたりした。

やがて参加者は徐々に増えていき、二〇一八年の半ばごろからは、安定して参加者が集まるようになってきた。

メンバーの一人、菅沼毅さんは、二〇一八年二月から一九年二月までの一年間、留学のため活動を離れていた。一年ぶりに活動に戻ったときの印象について「自分たちの活動を知っている団地の住民が増えた。定着してきていると感じます」と語る。

とはいえ、ただ大勢が集まればいいというものではない。いろんな企画を試していくうちに、この団地での交流に向いているイベントとそうでないイベントがあることが、学生たちにも参加者にもわかってきた。

たとえば、三味線の演奏会を開けば、団地に多い日本人の高齢者にも好評だし、中国人も日本の伝統芸能ということで関心を抱いてやってくる。

ただ、大勢が参加しても三味線の演奏を聴いて帰っていくだけでは、一人ひとりは楽しんだかもしれないが、集まった人同士が触れ合う機会はない。そこで学生たちは、演奏会の後に第二部としてお茶会を開いて、参加者同士が触れ合う機会をつくる工夫をしていた。

日本人と中国人双方が興味を持ってくれるようなイベントを企画するのも、簡単ではない。日本人住民と中国人住民は、国や文化だけでなく、世代が違う。団地の中国人住民で最も多いのは二〇代から三〇代の若い世代だ。特に、子供が楽しめるイベントを企画すると、大勢の中国人の親子がやってきてにぎわう。

一方、日本人住民の参加者は高齢者が多く、若い親子連れの日本人がやってくることは、めったにない。そもそも団地に住む日本人の若い世代が少ないのだ。未就学児を持つ日本人住民となると、見つけることすら難しい。

仕事や育児で忙しい中国人の若い夫婦と高齢の日本人住民では、生活スタイルも関心がある話題も違う。日本人住民と同世代の中国人の高齢者がやってくることもあるが、今度は言葉の壁が立ちふさがる。若い世代と違い、高齢の中国人住民は、日本語が話せない人がほとんどだ。国籍も世代も違う人たち、しかも大人から子供までが楽しめるイベントを見つけるのは、簡単ではないのだ。

とはいえ、そうしたイベントが全くないわけではない。たとえば盛り上がったのは、埼玉大学書道部の協力で開いた書道教室だ。

書道は日本人も中国人もなじみがあるうえ、漢字で書けばお互いに意味がわかる。

書道は初めてという中国人の子供たちも、子供のころ以来という大人たちも、楽しみながら筆をとって、日本人住民と中国人住民が互いに自分の作品を見せて、拍手を送りあっていた。

発足時からのメンバーで代表の圓山王国さんは、「人数がたくさん来ればうれしいが、それだけではない。たとえばイベントに参加してこれまで交流していなかった外国人の方の顔を知ってもらえれば、人数は少なくてもいいかもしれない。そういった積み重ねが大事なのかもしれないと思っています」と語る。

学生たちは、どのような思いで活動を続けているのか。

最も熱心に活動に参加していた大学生の一人、鈴木大志さんは、卒業間際の二〇一八年三月当時、こう語った。

「以前と比べると日本人の方と外国人の方が交流する雰囲気、和気あいあいとした雰囲気になってきていますし、小さい範囲ではあるけど、場としての機能は果たせているんじゃないかと思います」

一方で鈴木さんは、「成果はまだはっきり見えていない」とも口にした。

「やっぱりまだ、同じ芝園団地に住んでいるのに別々のコミュニティだなと思います。差別的な落書きもあるし、違法にごみ捨てがされたら『中国人のせいだ』という声も出る。お互いにマイナスの感情がまだあるし、それを解決するためのコミュニティのつながりがまだ存在していないのかなと思います」

鈴木さんは「地道に人間関係、友人関係をつくってそこからコミュニティが広がることもあると思う」と付け加えた。一緒に話を聞いた丸山さんも「僕も、地道な関係の積み重ねしかないだろうと思います」と続けた。

「皆が友達になる必要はないと思いますが、友達を広げたいという方には、人間関係ができる場をつくれるといいですし、交流は特にいらないという人に対しては、負の感情を持たないような、少しでも人間として顔が見えるようなことができたらいいなと。そういう取り組みを地道に続けられたらと思います」と圓山さんは語った。

顔が見える関係

学生たちは、団地の日本人と外国人の住民同士の「顔が見える関係」をめざしている。それは、「中国人」とひとくくりで語るときについて回る、ネガティブなステレオタイプから脱却することを意味している。

米国の大学を卒業後に来日し、日本語を学びながら「かけはしプロジェクト」で活動したシーナ・ウォンさんは、自分にとっての活動の目標を「日本人と中国人が、お互いのステレオタイプを変えられる場をつくることです」と話した。

「私たちは相手を知らない場合、ステレオタイプを簡単に抱いてしまいます。たとえば、ごみをみたら『中国人だ』とか。ただ、実際に知り合いになれば、一人ひとり違うことがわかるはずです。ステレオタイプを変えるのは一か月や二か月ではできないし、もしかしたら一〇年かけても難しいかもしれませんが、それが目標です」

日本でインターンをしていたときに「かけはしプロジェクト」の学生と知り合ったのをきっかけに活動に加わった。香港からカナダに移り住んだ親の元で育ったウォンさんは、自分自身の体験も話した。

「私の祖父は中国の旧満州出身で、日本人によい感情を抱いていませんでした。子供のころ、祖父からは『日本人とは口を利くな』と言われていましたが、初めて日本に旅行で来たとき、人々は礼儀正しいし道路はきれいだし、イメージが変わりました」

実際に団地に住んでいると、いろんな人がいることがわかる。

朝の時間帯に多いのは、スーツ姿で出勤する会社員だ。日中の「たまご広場」にいるのは、孫の面倒をみるために短期滞在をしている中国人の高齢者たち。広場で遊ぶ子供の中には、親とは中国語で話しても、子供同士では日本語で話す子供もいる。

団地に最も多いのはＩＴ技術者だが、ほかにもさまざまな仕事やバックグラウンドの人たちに会った。貿易の仕事に携わる会社員、経営者、配管工、税理士、スーパーの店員、専業主婦の女性。残留孤児二世の高齢者……。話を聞くと一人ひとり、性格も、これまで歩んできた人生も異なる。

だが、多くの日本人住民にとって、中国人住民との接触は、エレベーターの中で一緒になるか、隣の部屋の住民と顔を合わせれば会釈をする程度だ。一度心の中にできたステレオタイプを変えるような機会は、なかなかない。

社会心理学の考え方に「接触仮設」というものがある。偏見は相手の集団への無知から生まれるものだから、集団同士の接触が増えれば、偏見もなくなっていくという考え方だ[*1]。

学生たちの交流イベントも、接触の機会をつくることで、中国人住民へのネガティブなステレオタイプを変えるための場の一つと言える。自治会の岡崎さんは、「見ていると、自治会の役員の方々も含めて、イベントに参加してくれる人は、中国人だからどうだという言い方をあまりしなくなってきた。一人でも知り合いとか話をしたことがある人がいると、『中国人が……』という言い方はしなくなる。そういう関係性をどうつくっていくか。この点に関しては、交流のイベントは役に立つんじゃないかなという気がします」と話す。

実際に接することで心の中に芽生える変化は、学生の側にもあった。「かけはしプロジェクト」の一員、小野瀬廉さんは「もともとは、中国人はマナーを守らないとか、うるさいというイメージを持っていた」と話す。初めて芝園団地を訪れたのは、埼玉大学書道部の一員として、「かけはしプロジェクト」の書道教室に協力したときだった。「けれど、実際に来てみるとそんなことはなくて、普通の日本人と変わらないのかなと思いました」。このときの書道教室をきっかけに「かけはしプロジェクト」に加わり、最も熱心に活動するメンバーの一人となっていった。

一緒に何かをする

学生たちは、参加する住民自身に、どんなイベントを開くかを考えてもらうことも心がけていた。

学生が企画し、住民はそれを楽しむというある種の受け身の関係ではなく、住民自身が考え、行動することを助けるという関係を、「かけはしプロジェクト」はめざしていたからだ。日本人住民と中国人住民が一緒になってイベントを考えることで、そこに共通する「芝園団地の住民」という意識が生まれることも期待していた。

このためイベントの後に少人数のグループに分かれて話し合ったり、アイデアを付箋紙に書き出していったりした。

「中国では公園や広場でやるダンスが人気ですよ。中高年の人たちが多いです」

「太極拳なら、日本人も中国人も来てくれるんじゃない？」

団地の「たまご広場」で太極拳をする住民たち（2018年6月）

参加者同士のこんなやりとりから、実際に二〇一八年六月には、団地の「たまご広場」で太極拳のイベントを開いた。「かけはしプロジェクト」のイベントは普段は団地内の集会室で開いていたが、この日は屋外の広場とあって、通りがかった日本人も中国人も足を止めて、大勢の人たちが見よう見まねで体を動かした。
岡﨑さんは、この様子を感慨深そうに見ていた。
「芝園団地の広場で日本人と中国人が太極拳をするなんて、昔では考えられなかった。よくここまで来たなあと思います」
日本人住民と中国人住民が一緒に活動をする機会は、

少しずつではあるが、「かけはしプロジェクト」の交流イベント以外でも出てきている。

その一つが、防災訓練だ。

自治会は毎年、消防署の協力を得て芝園団地で防災訓練をしている。もともとは日本人住民だけでやっていたが、数年前から中国人住民にも参加を呼びかけている。日本に来て地震の多さに驚く中国人住民は多く、防災への関心は高い。この一、二年は日本人住民よりも中国人住民の参加者のほうが多いほどだ。一緒に消火器やAEDの使い方を練習する防災訓練は、数少ない日本人住民と中国人住民が一緒に活動をする機会になっている。

もっとも、ここでもわだかまりがないわけではない。防災訓練の参加者には、炊き出しのご飯やビスケットが配られる。だが、古参の日本人会員からは「どうして自治会に入っていない中国人住民にまで配るのか」という不満の声が出るときもある。

もう一つ、団地に住んで気づいたのが、文化活動やスポーツが人々を結びつける力だ。

芝園団地がある川口市芝地区では毎年、体育祭が開かれる。地域ごとに二〇あまりのチームに分かれて対抗戦をする、地域の運動会だ。

芝園団地は、隣にある民間の分譲マンション「芝園ハイツ」と一緒に、一つのチームとして参加している。

ただ、芝園チームにとっては、そもそも競技に参加できるような若者や中年の住民が少ないのが、毎年悩みの種だ。

百メートル走や四百メートルリレーといった種目は、選手を出すこと自体が難しい。玉入れなどの競技も、参加する住民の多くは七〇代以上だ。かごに玉を投げ入れるのも一苦労で、「なかなか届かなくて……」とぼやき声が漏れる。結果、毎年最下位が芝園チームの定位置になっていた。

そこでここ数年は、団地の公民館で活動する中国人住民のバドミントンクラブに声をかけて、参加してもらっていた。

私が初めて参加をした二〇一七年の体育祭では、百メートル走と八百メートル走に三人の中国人男性が参加した。

彼らが出場すると、テントの中にいた日本人住民十数人が声援を送り、戻ってきた選手たちを「お疲れさま」とねぎらった。

チームとしての一体感があったかというと、まだそこまではいかない。

テントの中で、日本人住民は顔見知り同士で談笑している。時折「お弁当食べた?」「お水を飲む?」と声をかける住民はいるが、三人の中国人男性とは、まだどことなく距離がある。チームの中に、新しい外国人選手が「助っ人」として加わったばかりのような雰囲気だ。

それでも、走る中国人の若者を年配の日本人住民が応援する光景は、かつての芝園団地にはない、新しい姿だ。

ほかにも、日本人住民と中国人住民が共に活動している場は、やはりスポーツや文化活動が多い。

芝園団地内にある公民館では毎年秋、文化祭が開かれている。公民館を拠点に活動するさまざまなクラブが、自分たちの作品を展示したり、日頃の練習の成果を披露したりする場だ。卓球やバドミントン、サッカー、テニスなどのスポーツクラブも、たまご広場で露店を開いて文化祭を盛り上げる。

ここではごく自然に、同じ団体に所属する日本人と中国人住民が歌を披露したり、一緒に焼きそばや豚汁をつくったりしている光景を見ることができる。

「好きなこと、楽しいことを一緒にやる」ことの強みは、外国人住民に関心がないような人たちにも、壁を乗り越えるきっかけを提供しうることだ。

「かけはしプロジェクト」の交流イベントも、イベント内容そのものに興味を持ってもらえるよう工夫をしているが、主たる目的は「多文化交流」であることを住民は知っている。それだけに、中国人住民に良い感情を抱いていない日本人住民は、どうしても足が向きにくい。

その点、こうしたクラブ活動は、交流に興味がなかったり、外国人住民をよく思っていなかったりする人も、自然に外国人住民と接触する機会を持つことになる。

現状では、すべてのクラブで日本人と外国人が一緒に活動しているわけではない。むしろ、そうしたクラブのほうが、まだ少数だ。

長年同じメンバーで活動しているクラブでは、国籍に限らず、新しいメンバーが加わりにくい場合もある。逆に、中国人住民が新しく立ち上げたバドミントンのクラブのように、メンバーは中国人だけのクラブもある。

とはいえ、共通の趣味やスポーツを一緒に楽しむ姿は、自然な形で日本人と外国人が触れ合うことも可能なことを示している。

共存か共生か

学生たちが中心となって続けている「かけはしプロジェクト」のイベントは、当初こそ参加者集めに苦労したものの、回を重ねるにつれて集まる人が増えていった。

一方で、浮かび上がってきた課題もあった。

日本人の住民は毎回数人が安定して参加するようになったが、同じ顔触れに固定化されてきたのだ。

二〇一八年一二月、クリスマスケーキをつくるというイベントを開いたときのことだ。

そのうちの一つのテーブルでは、数組の中国人の母親と子供が一緒にケーキをつくった。子供たちは同じ学校に通っているという。子供たちが楽しそうにホイップクリームで飾りつけをする様子を、母親たちがスマホで交互に撮影していた。こうした子供が楽しめるようなイベントは親子で参加する中国人住民が多く、三〇人以上が参加する回も珍しくなくなってきた。

終了後、学生たちと参加者で、次回以降どういったイベントを開くべきかを話し合った。

初めて参加をしたという団地に住む日本人女性が発言をした。夫が中国人で、どのような活動をしているのか、かねてから興味があったのだという。

「次からは、途中で席替えをしたらどうでしょうか。ママ友だけで固まっていたら多文化交流にならないですよね」

これに対して答えたのが、初期のころから毎回参加している男性だった。

「難しい。そうしたら日本人は来なくなっちゃうよ。帰っちゃう」。男性は「ただでさえ、日本人がどんどん少なくなっているんだから」と続けた。

イベントに顔を出す高齢の日本人住民の中には、団地の中の友人同士で誘い合わせて、何人かで一緒に来る人たちもいた。知り合いが誰もいない会合に初めて顔を出すのは、誰しも不安なものだ。男性が言いたかったのは、席替えをしてグループで来る日本人住民を分ければ、次回以降に来なくなってしまうのではないか、ということだった。

「どうして日本人の親子は参加しないのでしょうか」

「そもそも、団地にはあまりいないのかもしれない」

「常連ばかりじゃ意味がない」

住民に学生も交えた議論が、その後も続いた。


団地の日本人住民の中に、「かけはしプロジェクト」の趣旨に賛同し、積極的に外国人住民と交わろうという人たちが一定数いるのは間違いない。

初期のころから、毎回欠かさずイベントに出席する坂本広仁さん（八二）は「せっかく若い人たちががんばっているから、助けになればと思って」と参加の動機を話す。外国人住民についても「中には広場でうるさい人がいるかもしれないが、日本人だってうるさい時期があった。いい面は伝わらず、バランスを欠いていると思う」と言う。

坂本さんのように交流イベントに頻繁に参加する人が出てきた一方で、一〇人ほどの「常連」以外には、なかなか日本人住民の参加者が増えなくなってきたのだ。

学生たちを支える自治会の岡崎さんも「外国人との交流に関心がある人には、だいぶ浸透したと思うが、住民皆が交流に関心があるわけではない」と話す。

岡﨑さんは、芝園団地における日本人と外国人の関係には、これまで三つの段階があったと語る。

「ごみや騒音などの問題が顕在化し、URと自治会、市の三者協議が二〇一一年に開かれた。翌年、UR管理事務所に中国語の通訳が配置されるなどして、こうした問題は沈静化していった。それが第一期です」

第二期は、岡﨑さんが芝園団地に住み始め、学生と共に交流に取り組み始めた二〇一四年以降だ。「二〇一四年に私が自治会に入ったころは、交流はしたいというけど、実際には交流の取り組みはされていなかった。それが学生が来て、交流を進めていくことができるようになった」

そして今、芝園団地が迎えているのが第三期だという。「交流に興味がない人も含めて地域の輪をどうやって広げていけばいいかという、課題が見えてきた。いまは日本人と外国人も、日本人同士も、いろんな人をつなげる取り組みってなんだろうと試している。これが第三段階です」

「かけはしプロジェクト」代表の圓山さんは「学生としては外国人住民との交流に関心のない人にも来てほしいが、何を求めるかは、住民によってグラデーションがある。静かに暮らせればいいという人は、トラブルがないようにしてほしいと思っている。もっとコミュニケーションを取りたい人もいる。いろんなグラデーションに対応できればいいと思う」と話す。

中国人住民の間でも、考え方は人それぞれだ。日本人と比べれば、中国人住民のほうが「もっと交流を深めたい」と思っている人は多い。日本人ともっと話したいと日本語教室にやってくる中国人住民もいる。

一方で多くの中国人にとっては、住む場所として芝園団地を選んだ最大の理由は、「中国人コミュニティがあるから」であることも事実だ。あるＩＴ技術者の男性は、芝園団地に住む理由をこう語った。

「私は日本語もある程度できるし、どこに住んでもよかった。けど妻は日本に来たばかりだから、周りに中国語ができる人がいるほうがよいと思って、ここに住むことにしました」。

こうした人々にとっては、中国人コミュニティの中で快適に暮らすことができれば、日本人住民と付き合いがなくても団地の生活に特段の不満はない。

もっと日本人住民と外国人住民が交流する団地になりたいという人たちと、お互いが静かにトラブルなく暮らせれば、特に交流がなくてもかまわないという人たち。

これは、一つの本質的な問題を提起していた。

それは、「共存」と「共生」のどちらをめざすのか、ということだ。

一つの場所に、お互いうまく棲み分けをして生きていく「共存」も一つの選択肢ではある。互いに迷惑をかけない最低限のルールを守って静かに暮らせればそれでいい。お互い生活も文化も違うのだから無理に交流する必要はないという考え方だ。

一方の「共生」は、共存に比べると相互の関係や協力というニュアンスがある、「一緒に生きる」という意味の言葉だ。生物学では、異なる二つの生物が同じ場所に住み、一方あるいは双方が利益を受ける形で、密接な結びつきを持ちながら生きることを指す。

芝園団地でいえば、日本人住民と外国人住民が交流し、協力しながら同じ団地住民として暮らすのが共生のイメージだ。

岡崎さんは、「小さくてもそれなりの交流が必要と思うのは、たとえば地震や災害が起きたときに、知り合いが誰もいないとどうなるか。誰か知っている人がいれば状況を説明してもらうとか、通訳してもらって安心できる。ステップは小さくてもいいから、顔の見える関係をつくっていきたいと思います」と語る。

「共存から、小さな共生をつくる段階に入っていければ」というのが、岡崎さんの思いだ。

浮上した避難所分割案

一方で、「お互いある程度距離を置いて生活したほうが、トラブルも少なくていいのではないか」という声もある。

それを考えさせられたのが、災害時の避難所をめぐる、ある提案だった。

二〇一七年の秋、岡﨑さんから、「一緒に話を聞いてもらえませんか」と連絡があった。芝園団地の近隣地区で長年防災活動に取り組んでいる男性から、避難所のことで相談を受けたのだという。私は名ばかりではあったが、一応自治会の防災部長という肩書だったので、岡﨑さんと一緒にこの男性に会うことになった。

公民館で会った男性の口から出たのは、災害時の避難所を、事実上、日本人用と中国人用に分けられないか、という提案だった。

それを聞いた瞬間、「それはできない」と思ったが、とりあえず男性の話を聞くことにした。芝園団地に隣接する、いずれも閉校した旧芝園中学校と旧芝園小学校は、川口市の避難所に指定されている。これらの避難所は、芝園団地の住民や、男性が住む芝富士地区も含めた団地周辺の地域住民が利用することが想定されている。

男性の提案は、このうちの一つを事実上中国人用の避難所にして、日本人と中国人が別々の場所に避難するというものだった。男性は、市が指定するこの地域の給水拠点を、現在の旧芝園中学校から、自分たちが住む芝富士地区にある芝富士小学校に変更することも提案してきた。

なぜ、わざわざ避難所を分ける必要があるのか。男性はこう説明した。

「言葉や習慣も違うし、一緒の場所に避難してもいろいろ大変じゃないですか。一緒の避難所できちんと管理できればいいけど、あまり言いたくはないが皆さんにそれができるんですか、ということなんですよ。給水拠点も地元の自治会が管理運営することになっているけど、実際のところ、準備はできていないよね」

確かに、給水拠点を運営するだけの準備が自分たち芝園団地自治会にできているとは言い難かった。

それでも、国籍や民族で避難所を分けるという考え方は、受け入れられるものではなかった。岡崎さんは、「結果的に分かれて避難することになる可能性はあると思いますが、最初から分けるというのはどうでしょうか」と首を縦に振らなかった。私も同じ意見だった。

「結果的に別々に避難する可能性はあると思いますよ。年齢層や子供がいるかどうかもそうだし、言葉や習慣も違いますからね。ただ、行政でも自治会でも、最初から中国人の避難所はここ、日本人はここと分けて伝えることは、できないと思いますよ」

男性も引き下がらない。「何かあったときのことを考えると、怖いんですよ」

「岡崎さんを中心に、せっかく一つの地域の住民として暮らせるようにいろんな努力をしているところなのに、そういうことをしたらひびを入れるというか、分断させるようなことになってしまいます」

私の言葉に対して、男性は「しかし住民が皆、そういう気持ちでいるんですか」と返してきた。

私も岡崎さんも、それに対して返す言葉は持ち合わせていなかった。


結局、この日の話し合いでは結論は出なかった。

公民館の玄関を出た後、すぐに岡崎さんに話しかけた。

「避難所を分けるのは絶対に無理ですよ。少なくともそのことは理解してもらわないと。それをゴールにしたら、何も進まなくなりますよ」

「そうですよね」

「そんなこと行政は絶対にできないし、自治会だってできないですよ。はっきり言って、そんなことをしたらそれこそニュースになりますよ」

一方で、「住民が皆、そういう気持ちでいるんですか」という男性の問いかけは重かった。

確かに、団地の日本人住民に聞いてみれば、「別々の避難所のほうがいい」という意見に同調する人がいることは、容易に想像できた。

それでも、距離を置き、分かれて生活をすることが解決策とは、到底思えなかった。完全に分かれた集団は、何かあれば今度は集団同士の対立になりかねない。たとえば、給水拠点となっている避難所に滞在できるのは日本人だけといった状況になれば、深刻な対立に発展することは目に見えている。

分かれて住むことで小さなトラブルを回避できても、結局はより根本的で深刻な、大きな対立につながるだけではないか。そんな思いが消えなかった。

避難所を分けるというこの案はその後、具体化しないまま立ち消えとなった。ただこの一件は、「共存か共生か」という課題の難しさを、私に再認識させた。

文化の折り合いをつける

団地の日本人と外国人の関係について、住民のコンセンサスと言えるようなものは、まだない。

共存か、共生か、めざす姿は人によって違う。

ただ、もっと交流をしたい、協力し合いたいと考える人も、静かに暮らせればそれでいいという人も、共通して求めている最低限のものはある。たとえば、日本人も外国人も共有する、団地での暮らしの共通ルールだ。

芝園団地ではURが張り出すお知らせや注意書きの大半が、日本語と中国語の二か国語で書かれている。ごみ置き場には、日本語、中国語、英語の三か国語で、分別の方法などを書いた掲示がある。

こうした取り組みもあって生活上のトラブルは減ってきたが、完全になくなったわけではない。

このうち、ごみ出しや共用スペースの使い方といった、市やURが明確にルールを定めているものについては、ルールを外国人にもわかりやすく伝え、守ってもらうということに尽きる。問題は、明文化されていない日本の慣習だ。

外国人と接するにあたっては「相手の文化を理解し、尊重する」ことが大切だとよく言われる。

だが、もし相手の文化と自分たちの文化が衝突したら、どうしたらいいのだろう？

異文化を「どこまで尊重するか」は、ときに悩ましい問題だ。芝園団地で暮らしていると、こうした「どこで文化（価値観）の折り合いをつけるか」という問題に、日常生活の中で直面する。

その一つが、団地の広場での子供たちの遊び声だ。

団地の中心にある「たまご広場」は、子供たちの格好の遊び場だ。団地の中心部は車が通らないので、親も安心して遊ばせることができる。ボールで遊んだり、鬼ごっこをしたり。元気に遊びまわる子供たちの姿は微笑ましいが、問題はそれが夜になっても続く日があることだ。

童謡の「夕焼け小焼け」にあるように、日本では「日が暮れたら子供は家に帰る」というのが伝統的な習慣だ。

一方で中国人には、夜の公園や広場で過ごす習慣がある。芝園団地のたまご広場や商店街の広場でも、談笑する大人たちや遊びまわる子供たちを、夏場は夜九時過ぎまで見かけることがある。

特に、広場に面している棟では声が響くらしく、「子供の声が夜遅くまでうるさい」という苦情をいまも耳にすることがある。団地の日本人住民は、高齢で就寝が早い人も多いのだ。

ただ、「日が暮れたら子供は家に帰る」というのはあくまでも日本の「習慣」であって、法律ではない。中国人が夜の広場で過ごすのも彼らの習慣であって、日本の法律に反するようなことをしているわけではない。ここ数年の極端な猛暑の中では、日中は屋内で過ごし、日が暮れてから外に出るほうが、むしろ安全だし合理的かもしれない。

夜といっても、午後一一時や一二時といった深夜までいるわけではない。ごみ出しのように明文化されたルールがあれば、「団地のルールを守ってください」と言えるが、「何時までならOK」と明確な基準がないのが、悩ましいところだ。


あるとき、広場で孫を遊ばせていた中国人の女性と、この「夜の広場問題」を話していたら、こう言われたことがある。

「確かに私たちも集まって少し声が大きくなってしまうこともあるかもしれない。けど日本人も『うるさい！』と怒鳴る、言い方が失礼な人がいますよ」

自分たちの文化だけを基準に考えれば「常識をわきまえない」と怒りたくなってしまうが、「世の中には、自分たちとは違う文化（価値観）がある」と自覚し、夜の公園で過ごすことが彼らの習慣なのだと理解したうえであれば、同じ「夜は静かにして」と伝えるにしても、伝え方が違うかもしれない。

そもそも、「子供は日が暮れたら家に帰る」という日本の習慣を知らない中国人住民もいるだろう。そこで「かけはしプロジェクト」は二〇一八年、住民向けの日中二か国語の生活ガイドブックをつくって、団地の管理事務所に置かせてもらった。そこには、こんな一節がある。

「日本には、中国のように日が沈んでからも屋外で遊ぶ文化がなく、屋内で過ごす人が多いです。誰もが快適な時間を過ごせるよう、夜、外では静かに過ごしましょう」

かけはしプロジェクトは二〇一九年、内容をさらに充実させた、新しい住民向けパンフレットをつくるプロジェクトを立ち上げた。住民の意見を聞く場も設けて、一緒に内容を考えているところだ。

自治会と住民の思い

「かけはしプロジェクト」の活動を支え、一緒に日本人住民と外国人住民との交流に取り組んでいるのが、芝園団地自治会だ。

自治会の取り組みは、事務局長の岡崎広樹さんの存在抜きには語れない。

「かけはしプロジェクト」も、もともとは岡崎さんと知り合った学生たちが立ち上げたものだったし、自治会の取り組みの多くも、岡崎さんが提案し、自ら先頭に立って動いてきたものだ。

いまでこそ、「多文化共生に取り組む自治会」と評価されるようになったが、岡崎さんが最初に訪れたときの様子は、ずいぶん違うものだったようだ。

岡崎さんは、初めて訪れた二〇一三年当時の様子について、「交流したい」という思いを口にすることはあっても、実際に行動に移す様子はなかったと振り返る。むしろ感じたのは、日本人住民の中国人住民に対する、怒りのような感情だったという。

二〇一四年から芝園団地に住んだ岡崎さんは、自治会の役員にも就任。岡崎さんが先頭に立ち、自治会は外国人住民との交流に一歩踏み出した。外国人住民も参加した防災訓練、中国のSNS微信での情報発信、中国人役員の誕生、そして「かけはしプロジェクト」の交流イベントへの協力。いずれも岡崎さんが先頭に立って進めてきた取り組みだ。

学生と自治会の活動は、メディアや行政からも注目をされるようになっていった。研究者や学生、外国人住民との交流に関心を持つ団体も、毎月のように視察に訪れている。

こうした外部の評価によって一番変わったのは、ネット上の匿名の書き込みだ。

芝園団地について「外国人が増えるとこんなひどいことになる」と事実と異なる情報を匿名でネット上に書き込んでいた人たちにとっては、自分たちの主張のための「材料」に使いにくくなったのだ。芝園団地を中傷したり揶揄したりするSNS上の書き込みはいまもあるが、かつてに比べれば少なくなっている。

これは、住民の意識にも影響を与えた可能性がある。芝園団地を「チャイナ団地」などと揶揄する書き込みがネット上にあることは、多くの日本人住民も認識していた。それが、メディアや行政から「多文化共生に取り組む団地」として積極的に評価されるようになったのだ。自治会の活動が注目されるようになったからか、自治会の年次総会に参加する人数も、一時期よりは多くなっている。自治会と学生たちの取り組みを「応援する」と言ってくれる住民も徐々に出てきた。

岡崎さんは、中国人住民に対して自治会への加入を積極的に呼びかけてもいる。日本人住民が減り続ける団地の現状の中では、中国人会員も増やしていかなければ自治会は存続すら危うくなる状況だ。ここ数年続いている中国人の自治会役員も、いずれも岡崎さんが声をかけて就任してもらった人たちだ。

ここ数年の自治会の会員数は四百から五百世帯ほどで、うち外国人は二〇から三〇世帯ほどだ。

中国人住民の加入者が少ない理由の一つには、中国人が自治会という組織そのものになじみがないという事情もある。二〇一八年に自治会役員を務めた中国人男性は、「地方のことはわからないが、少なくとも都市部には自治会のような組織がないので、そもそも何をする団体なのかわからない。ましてや自治会費を払ってと言われると『どうしてお金を払わなければならないのか』と思ってしまう人が多いと思う」と話す。

中国人住民からすれば、「自分たちのためにも活動してくれる組織」という実感が持てなければ、参加する動機が生まれない。そこで岡崎さんは、中国人住民からの「母親と小さな子供が安心して過ごせるスペースがほしい」といった声を受け、UR側に陳情をした。

芝園団地自治会はこうした取り組みが評価され、二〇一八年の一月から二月にかけて、埼玉県の「埼玉グローバル賞」、国際交流基金の「地球市民賞」を立て続けに受賞した。

埼玉グローバル賞の式典に出席した後、自治会役員のメンバー数人で、JR蕨駅近くの居酒屋でささやかな祝杯を上げた。

「昔のことを考えれば、よくここまで来たもんだよなあ」

自治会長の韮澤さんが、しみじみと口にした。

「埼玉グローバル賞」の表彰式から三週間後、今度は国際交流基金の「地球市民賞」授賞式が開かれた。

団地とは別世界のような、東京都内の高級ホテルで開かれた華やかな授賞式とレセプション。そこでは、芝園団地自治会の活動が、映像と共に次のようなナレーションで紹介された。

〈いまでは、自治会の活動に外国人住民も地域の担い手として参加するようになり、共生の意識が根付く、活気にあふれる団地となっています〉

だが、私自身は複雑な思いでその場にいた。

団地が少しずつ良い方向に向かっていることは、実際に住んでいて実感できる。

ただ、団地そのものも自治会も「共生の意識が根付く、活気にあふれる団地になっています」と言えるような状況にはまだ遠いというのが、自分自身の実感だったからだ。

自治会や学生たちの活動に賛同する住民がいる一方で、自治会が日本人住民と外国人住民との交流に力を入れることについて、距離を置いて見ている日本人住民もいる。

皮肉なことに、自治会が「かけはしプロジェクト」の学生たちと協力して交流活動に力を入れ、それが報道や表彰といった形で注目されればされるほど、一部の日本人会員からは、不満の声が出るようになった。

ある日、自治会の事務所に顔を出すと、事務の女性から「こういうとき、なんて言ったらいいと思う?」と相談されたことがあった。

未払いの会費を支払ってもらうために会員の部屋を訪れると、退会すると告げ、自治会が取り組んでいる外国人住民との交流活動を理由に挙げる人が時折いるのだという。

なぜ、自治会費を払わない中国人住民のための交流活動をやる必要があるのか。外国人との交流よりも、自治会費を払っている私たち日本人住民のための活動をするべきだ――。そんな声が寄せられるようになった。

「かけはしプロジェクト」の交流イベントはすべて彼ら自身の予算で賄っていて、自治会の予算は一切使われていない。だが、自治会費をめぐって「私たちが払っている自治会費が交流イベントに使われている」と誤解をしている人もいる。

自治会の中も、皆が同じ意見というわけではない。芝園団地全体がそうであるように、自治会もまた、外国人との間に壁をつくる意識と壁を乗り越えようという意識が、複雑に交じり合っている。

自治会長の韮澤さんは、岡﨑さんの取り組みに理解を示し、協力してきた。

福島さんも、学生たちを手助けしたいという気持ちから、多文化交流のイベントを手伝ってきた。「中国人は……」とひとくくりにして批判をするような言い方は、初めて会ったころに比べれば少なくなった。ただ、いまも時折、不満の言葉は口をついて出る。

古参の自治会役員である真下徹也さんは、自治会が日本人住民と中国人住民との交流に取り組むことには、距離を置いてきた。中国人住民について「やっぱり日本に来たからには日本のしきたりに沿ってやってもらいたい」と話す。

「中国人住民にも自治会に入ってほしいと思っていますか？」と聞いてみると、「一応ね、入ってほしいことは入ってほしいんですよ」と断りつつ、こう話した。

「やっぱり自治会費を納めて初めて、人間関係ができると思う。多文化交流教室のようなことをやると、いまでも反発が出るんですよ。何も払わずに、自治会も金も払わせないで何をやっているんだと。自治会費を払えばお互い対等に話せるし、言いたいことも言える。会費を納めた人同士で話し合って、お互いルールを守ってやりましょうという結果が出ると思う」


岡崎さんは、どういう思いで自治会の活動を続けているのか。

「やっぱり難しいことはいろいろありますよ」。そう言うが、悲観をしているわけではない。

「三歩歩いて、二・五歩下がる」というのが、団地と自治会の歩みに関する、岡崎さんの見方だ。私も同じような印象だ。

「徐々に変化はしていると思うんです。小さくても、自治会の中でも変化は生まれてきていると思います」

岡崎さんはいま、芝園団地が直面する日本人と外国人の共生という課題は、日本の地域社会が抱える問題と通底するととらえている。

「そもそも前提となる日本社会が、隣近所の見知らぬ隣人と知り合う機会がなくなっている。そこに加えて、外国人だから違うかもしれないという感覚が、関係を築くのをより難しくさせていると思います。日本人ですら、知らない人に話しかけたりしないじゃないですか。それと大して変わらないと私はずっと思っていて……。きっかけさえあれば、なんだ、いい人じゃないかとなるわけです。前提としていまの日本の地域社会の難しさがあって、そこに外国人だからというのが乗ってきている気がします」

私自身は岡崎さんの言葉にうなずきつつも、もう少し別の視点からも捉えている。

地域社会を結び付けてきたさまざまな絆が失われたことは、現代社会の大きな課題だ。たとえば芝園団地でも、高齢者の孤独死は、日常的に起きていることだ。

ただ、人間関係が希薄になったとしても、通常であれば、集団同士の対立は生まれない。迷惑な隣人がいれば怒るし、そうでない隣人とは何も起こらない。日本人だけのコミュニティであれば、会って挨拶を交わさなくても、同じ言葉を話し、同じ文化的なバックグラウンドを持っているという前提がある。

一方、芝園団地のような外国人住民が多く住む地域では、「私たち（日本人）」対「彼ら（外国人）」という構図に陥りがちだ。隣人との生活騒音をめぐるトラブルが、個人同士の対立にとどまらず「彼ら」への不満や不安になってしまう。何も手を打たないでいれば、共生はおろか共存すら容易ではないのだ。

その問題に対処するにはやはり、異なる文化を持つ人々がいかに共生するかという視点が、欠かせないように思える。

＊注

1　ただし、接触した結果対立が激しくなる場合もあり、接触仮説が成り立つには、協力することがお互いの利益になるような関係にあるなど、いくつかの条件が必要とされている。池田謙一ら『社会心理学』有斐閣、2010年、217ページなど。

第六章 芝園団地から見る日本と世界

運動場側から見た団地

芝園団地の現状と課題は、世界がまさに直面し、日本がこれから本格的に直面しようとする課題でもある。芝園団地で見えてきた課題に対して、どう向き合えばいいのだろうか。

多数派の不安

ここは、誰かが火をつければあっという間に反外国人感情が広がる、「乾き切った草原」のようだ――。私が芝園団地をこう見ていたことは、第二章で書いた。

ここに住んでいると、なぜ米国でトランプ大統領が誕生したのか、なぜ欧州で反移民政党が伸長しているかが「見えてしまう」のだ。

芝園団地はもともと、東京近郊にあるごく普通の大型団地の一つだった。当然のことながら、住んでいる日本人住民も、高齢者が多いことを除けば、ほかの地域と大きく変わるわけではない。

欧米諸国では、反移民感情が高まる背景の一つに、経済的な苦境にある人々の不満の矛先が、移民に向かうという構図も指摘される。私自身も、米国の南部や中西部でそうした状況を目の当たりにしたことがある。

芝園団地の場合はどうだろうか。

もともとは住民の多くは、都心で働くサラリーマンの世帯だった。こうした入居者の多くは定年を迎え、現在は年金生活を送っている。このため、芝園団地に限らず、URの賃貸住宅は高齢化と低所得化が進んでいるとされている。その意味では、右肩上がりの時代のような活気はなく、徐々に縮小していく「右肩下がり」の空気が漂うことは否めない。

ただ、団地で年金生活を送る人々は、日々の出費は抑えながら生活をしている人も多いとはいえ、「苦境」というほどの生活ではなさそうだ。さらに、団地に住む日本人住民にとっては、若いIT技術者が多い中国人住民は世代や職種という意味でも遠い存在で、自らの経済的な状況と結びつけるような接点がない。

だが、そうした「普通の団地」でも、外国人が急増して環境が変わっていけば、もともと住んでいた人々の間には、外国人住民に対する漠然とした不安や警戒感が芽生えていく。

私は団地に住みながら、「多数派のもやもや感」とでも呼ぶべき感情のことを考えてきた。このまま放置すれば、米国や欧州で起きたことと同じように、大きな排外主義的なうねりに「持っていかれる」のではないかという思いが消えなかったからだ。

そんなときに手にした一冊の本の中に、こんな一文を見つけた。

〈少子高齢化や移民の増加という文脈の中でますます深刻化している彼らの懸念を、エリー

ト層は十分感じ取っていないように住民は思っている〉[*1]

〈ポピュリストたちが、このようなメッセージをとらえ（中略）利用したのである。彼らの都合のよいように不安感を掻き立て、その感情をフラストレーションへと変化させ、移民の人々をスケープゴートにした〉

これはまさしく、私がかつてアメリカの大統領選挙や中間選挙の取材で訪れた、中西部のラストベルト（さび付いた工業地帯）や南部の小さな町で、実際に見聞きしたことだった。まるでトランプ大統領の誕生を分析したかのような文章だが、この『間文化主義（インターカルチュラリズム）』（彩流社）の原著であるフランス語版が出版されたのは二〇一二年。トランプが勝利した米大統領選挙の四年も前だ。文章はこう続く。

〈このようなエピソードは、二重の教訓を与えてくれるように思われる。まず、大衆の声に耳を傾け、アイデンティティの管理をデマゴーグ（扇動者）やオポチュニスト（ご都合主義者）たちのやりたい放題にさせないということ。次に、マイノリティの不安感に注意を払うことは必要であるが、マジョリティの間にもみられる同様の感情を無視することは誤りであること。

なぜならこの不安もまた正当なものであり、また不安に駆られたマジョリティはマイノリティにとっての理想的パートナーではありえないからである〉

筆者は、国際的に著名なカナダ・ケベックの社会学者であり歴史学者でもある、ジェラール・ブシャールだ。

インタビューに答えるジェラール・ブシャール
ケベック大学シクチミ校教授

ブシャールがここで書いているのは、カナダ・ケベックで二〇〇六年から〇七年にかけて起きた論争のことだ。

当時、シーク教徒の男子生徒が宗教上の理由で身につける、「キルパン」と呼ばれる儀礼用の小刀を学校に持ち込むことを裁判所が認めたことなどをきっかけに、論争が起きた。マイノリティの宗教的な慣行をある程度尊重する「妥当なる調整」と呼ばれる措置に対して、フランス系住民の中から、「行き過ぎた配慮だ」と反発が起きたのだ。メディアも論争を大きく取り上げた。

事態を重く見た州政府がつくった諮問委員会で、共同委員長を務めたのが、ブシャールと、同じくケベック出身の著名な政治哲学者チャールズ・テイラーだ。委員会が住民との対話集会を重ねてまとめた報告書は、両者の名前を取って「ブシャール＝テイラー報告」と呼ばれる。ブシャールの言葉や、「ブシャール＝テイラー報告」には、ケベックの「インターカルチュラリズム」という考え方が貫かれている。

ここで、インターカルチュラリズムについて簡単に説明しておきたい。

移民を受け入れる国がどのような社会をめざすかは、いくつかの考え方がある。

移民に対して、移民独自の文化を保ち続けるよりも、ホスト社会に同化することを求めるのが「同化主義」だ。これに対して移民が自分たちの文化を保ち続けることを認め、多様性を尊重するのが「多文化主義」だ。

ただ、近年は多文化主義的な政策をとる国々で、移民だけのコミュニティができてホスト社会と分断されてしまうといった問題が指摘されるようになった。そこで新たに出てきたのが、多文化主義をさらに発展させた考え方ともいえる、「インターカルチュラリズム」だ。

多様性を尊重するという点では多文化主義と同じだが、異なる文化間の交流や社会の結びつき（cohesion）、共通性を重視するのが特徴だ。

インターカルチュラリズムの一つの潮流は欧州にある。四七か国が加盟する欧州評議会が推進する都市政策「インターカルチュラル・シティ・プログラム」がその代表例だ。欧州諸国を中心に都市単位で参加し、日本では浜松市が参加している。インターカルチュラル・シティに詳しい明治大学の山脇啓造教授は「多様性を生かすというのがインターカルチュラル・シティの一つのコンセプトです。もう一つはインターアクション、わかりやすくいえば交流を重視することです」とその特徴を語る。

ケベックのインターカルチュラリズムも、異文化コミュニティ間の相互交流を重視する点は同じだ。一方で、共通語としてのフランス語の重視など、ケベックならではの特徴もある。

この背景にあるのは、ケベックのフランス系住民が置かれた「ケベックでは多数派だが、カナダの中では少数派」という特殊な立場だ。

ケベック州ではフランス語を母語とする人が八割を占め、公用語もフランス語のみだ。だが、カナダ全体ではフランス語を母語とする人は二割程度に過ぎない。歴史的にも、フランス系住民はイギリス系住民の支配下で同化の圧力にさらされてきた時代がある。

こうした歴史的経緯もあり、ケベックのインターカルチュラリズムは、フランス語など、フランス系ケベックの文化を守ることに重きを置いている点は、その特徴として留意しておく必要がある。

ブシャール自身は、自らが定義するケベックのインターカルチュラリズムの特徴として、①

多数派と少数派の関係を考慮に入れる、②相互交流と協力を重視する、③共通文化を構築する、などを挙げている。またブシャールは著書の中で、「多数派と少数派」という二元性が存在することを認めたうえで、二元性が対立や緊張の原因とならないよう「二元性の折り合いをつける」ことをめざすと書いている。

芝園団地の日本人住民も、ケベックのフランス系住民とは逆だが、多数派であり少数派でもあるという意味では共通する部分がある。芝園団地の日本人住民は、日本全体でみれば圧倒的多数派だが、団地内に限れば、外国人住民が過半数を占め、日本人は少数派となっている。

ブシャールとケベックに関心を持った私は二〇一八年春、休暇で米国を訪れた機会に、カナダ・ケベックに足を延ばした。

ケベック最大の都市モントリオールからさらに飛行機を乗り換えて降り立ったケベック州サグネ市。ケベック大学シクチミ校教授のブシャールは、研究室で私を迎え入れてくれた。芝園団地の状況は事前にメールで伝えてあったが、改めて口頭で説明し、私が聞きたいことを伝えた。

日本にも講演などで何度か訪れたことがあるブシャールは、日本の人口減少や外国人受け入れをめぐる議論を把握していた。芝園団地の状況とそこで起きていることもすぐに理解したようで、私の問いに、よどみなく語り始めた。

ブシャールに一番聞きたかったのは、「多数派の不安」にどう対処したらいいのか、だった。

これは、扱いが難しい感情だ。

たとえば、団地の商店街の大半が中国系の店になったことをさみしく思う古参住民に対しては、心情的に、「その気持ちも無理ないなあ」と思う。一方では「ここは私たちの団地だ」という意識が、「日本人と外国人」と分ける発想につながり、ステレオタイプや偏見につながることも少なくない。

ブシャールはこう語った。

「（移民を受け入れることによる）変化は多数派の中に苦痛を引き起こし、それが非常にネガティブな反応につながる恐れがあります。ひどいことが起きないようにするために、そうした反応を和らげる準備をしておく必要があるのです」

ブシャールは、多数派の感情の根底には、「ステレオタイプ」と「恐怖」という要因があると指摘した。

ステレオタイプについて、ブシャールはこう語る。

「問題は違いそのものではなく、それによって生まれるステレオタイプです。これが、違いをネガティブで醜いものに変えるのです。ステレオタイプは非常に強力で、なくすことが難しいものです。私の近所の雑貨店で働く高齢の女性が、『ブシャールさん、イスラム教徒が私たちの社会をコントロールしているのがわからないんですか？　どこに行ってもイスラム教徒だらけじゃないですか？』と話しかけてきたことがありました。私は『モントリオールにどのくらいのイスラム教徒がいるかご存知ですか？　二％から三％ですよ』と伝えましたが、彼女は『そんなの単なる数字ですよ！』と答えました。イスラム教徒はごく少数ですと伝えるだけでは、彼女を納得させることはできないのです」

もう一つの要因である、多数派の恐怖や不安については、ケベックの移民受け入れの経験を話した。

「変化とは困難なものです。そして、痛みを伴います。ここケベックでも多数派からは、『（移民受け入れによる）多元主義によって私たちの文化や伝統、アイデンティティが失われる』といった声が上がりました。しかしこれは非合理的な反応です。私はこういう意見が出ると聞いたものです。『どういう伝統が、マイノリティのせいで消えてしまったというのですか？』と。彼らからは言葉は出ません。ケベックの伝統はいまもよく保たれているからです。これは、一体性や均一さこそが共同体の強さの源であり、そうしたものが脅かされているという『感情』なのです」

ブシャールは二〇一二年に日本を訪れたときの講演で、この「均一性が脅かされる」という多数派の感情について、「保持したい独占や権力関係や特権が危うくなることへの、言外の抵抗である場合もある」とも指摘している。[*2] それは、団地の日本人住民の「ここは私たちの団地なのだ」という思いにも通じるかもしれなかった。

それでは、恐怖やステレオタイプを克服するには、具体的にどうしたらいいのか？

ブシャールは「簡単な答えはありません」と断りつつ、いくつかヒントになる話をしてくれた。

「インターカルチュラリズムでは、相互の交流と協力が非常に重要です」とブシャールは強調する。そして、その交流とは対話だけにとどまるべきではない、という考えだ。

「対話をしてお互いを知ることは、初期の段階では間違いなく必要です。ステレオタイプを崩すのです。ただそこにとどまっていては長続きしないでしょう。何かを一緒にすることが非常に重要です。皆が楽しめることでもいいですし、住んでいる地域をきれいにする活動といった、より重要なことでもいいでしょう。一緒にやることがつながりを生み、最終的には『ここに帰属している』という意識や団結を生むのです」

それはまさしく、芝園団地で「芝園かけはしプロジェクト」の学生や自治会、一部のスポーツや文化活動のクラブが実践していることだ。

移民が社会の一員となるには、双方向の取り組みが必要だということもブシャールは強調した。

「統合は双方向のプロセスです。たとえば移民は新たな社会になじみ、社会にとって妥協の余地がない、根源的ないくつかの価値を尊重しなければなりません。一方で社会も、移民を助けなければなりません。教育や、職を得るための技術の習得などです。公的なサービスや医療、社会のネットワークに移民が確実にアクセスできるようにしておく必要があります」

これはブシャールに限らず、カナダの連邦政府やケベック州政府の移民政策でも強調される点だ。

モントリオールで取材した、到着したばかりの移民向けの支援プログラムでは、ケベック社会の価値観から銀行口座の開き方まで、順調に生活を立ち上げられるような情報を教えていた。こうした到着直後の講座は州政府の財政支援を受けてNGOが各地で実施しており、新たな移民は受講を強くすすめられる。この後にも1週間の定住支援プログラム、フランス語教室、職探しのサポートなど、行政とNGOが協力して、移民が社会にスムーズに溶け込めるようなプログラムを提供している。

ケベック州政府移民局のシャルル・セヴィニーは、「移民が学ぶべきことはたくさんありますが、受け入れる社会もまた、円滑な統合のためにやるべきことがたくさんあります。移民が孤立しないよう、社会がそばにいて支えるのです」と話した。

ブシャールは日本にも講演で何度も訪れており、人口減少など日本の課題にも関心を持っている。こう話した。

「大きくとらえれば、日本は一九六〇年代から七〇年代のケベックと似ています。このころまでケベックは均一であり、またそうあることを肯定的にとらえていました。そして、移民の増加と社会の多様化によって、こうした古いビジョンはもはや機能せず、放棄しなければならない、と考えるようになりました。もはや、現実に合致していなかったのです。それは、大きな痛みを伴うプロセスでしたが、我々は同じ方向に進み続けることができました。日本が移民に門戸を開けば、同じような問題に直面するでしょう。簡単なことではありません。しかし、あなた方には世界の中における日本の水準を維持するという、大きな動機があるのではないでしょうか」

ケベック自身の歩みもまた、一直線というわけではない。

二〇一八年一〇月のケベック州議会議員選挙では、移民受け入れの削減を掲げる新興政党「ケベック未来連合（CAQ）」が単独過半数を獲得。党首のフランソワ・ルゴーが州首相に就任した。ケベックにおいても今なお、移民の受入れをめぐる論争とせめぎ合いは続いている。

守るべき中核文化とは

二時間以上に及んだ対話の最後に、ブシャールは重い問いかけをした。

「あなたは『多数派の不安にどう対処すべきか』と尋ねましたが、一つできることがあります」と前置きして、こう続けた。

「多数派が『我々の文化やアイデンティティ、伝統が失われてしまう』と言うとき、それは正確には何を意味するのか、聞いてみるのです。あなたが失うことを恐れているのは、正確には何なのか？　私は多くの人々と、このやり取りをしてきました。そうすると、『我々の文化が失われてしまう』というのは真実ではないことに気づきます。すべてを失うわけではないのです」

「次のステップは、では本質的なものは何かを問うことです。我々が決して妥協できない、本質的な要素です。それは私たちが歴史の中で築いてきた価値であり、我々の核となるものです。それは移民にとって、社会に入るのに必要なチケットとなるのです。もちろんその価値は、過去のドイツのような『我々は優れた人種である』といったものであるべきではありません」

ブシャールはこれを、自らが考えるインターカルチュラリズムの柱の一つと位置付け、「共通文化の構築」と呼ぶ。何度か念押しをしたのは、「これは同化とは違う」ということだった。移民は、共通文化を守ることを求められると同時に、自分たちのもともとの文化や伝統とつながる権利を持つ。

ブシャールを含め、ケベックの人々が「核となる価値」について語るとき、それは明快だ。フランス語、民主主義、自由、社会的平等……。それはケベックの歴史や、彼らの多くがルーツを持つ欧州の歴史に由来するものだ。その中核的な価値を共通のものとして保ったうえで、多様性を前向きにとらえて尊重するというのが、ブシャールが言うインターカルチュラリズムの核心だ。

ブシャールとこの話をしているとき、「あなたたちの核となる価値とはいったい何なのだ？」と問われているような気がした。帰路、ブシャールの問いかけを反芻しながら頭の中で浮かんだいくつかの言葉は、「和」や「集団主義」「均一性」といった、日本社会の特徴とされる言葉だ。

心配になったのは、こうした日本社会の特質は、多様性と「相性が悪い」のではないか、ということだ。日本の中核的な価値が多様性と衝突するのであれば、多様性を尊重した共生社会を作ること自体が、難しいということになってしまう。

数か月後、各地の大学での講演のため来日したブシャールに、改めてこの質問をぶつけてみた。返ってきた答えは、「問題は均一性であり、均一性と集団主義を同一にとらえるべきではない」というものだった。

集団主義そのものは守るべき価値たりうるというのが、ブシャールの考えだった。

これは、集団主義をどうとらえるかにもよるだろう。多様性を尊重しつつ、連帯や協力を重んじる価値観を両立させられるなら、いわば「ゆるやかな集団主義」が成り立ちうるかもしれない。

一方で、全体の利益を優先させるあまり、同調圧力が高まり、個人の権利や自由、利益が犠牲になるならば、多様性という価値観とは衝突する。

私は東日本大震災の発生直後、争わず公衆電話に並んで待つ人々の姿を見た在日中国人のジャーナリストから、日本人の美徳を賞賛されたことがあった。こうした光景は、集団主義のポジティブな側面と映ったのかもしれない。

一方でその社会の中で暮らしていれば、同調圧力といったネガティブな側面も気になってしまう。ブシャールの言葉が正しいのかどうか、私にはわからないというのが率直な感想だった。ただ、ブシャールの問いかけが、私たちは何者であり、どのような価値を共有する社会なのかという、本質的なものであることは確かだった。

外国人を受け入れるということは、私たち自身にも重い問いを突きつけている。

ディープストーリー

多数派の不安に対処するためには、多数派＝受け入れる側自身の意識も変わっていかなければならない。

芝園団地の日本人住民の心の奥底にあるのは、「ここは私たちの団地だ」という意識や、自分たちが少数派になるという不安だ。そしてそれは、私が米国で話を聞いたトランプ支持者や、ティーパーティー運動の支持者たちの言葉と共通するものがあった。

「ここはキリスト教を中心とする国だ。なぜ学校で、（キリスト生誕を祝う）メリークリスマスと言ってはならず、ハッピーホリデーズと言わなければならないのだ」と訴えた元教師の男性。

近所に住むヒスパニックの住民について「なぜ、彼らはアメリカにいるのに、英語ではなくスペイン語でしか話さないの」と不満げに話した女性。

そこに見えるのは、「ここは私たちの国だ」という意識だ。

米国の社会学者A・R・ホックシールドの著書『壁の向こうの住民たち』は、米国の右派が「あたかもそのように感じられる」物語を、「ディープストーリー」と呼んだ。*3 事実かどうかにかかわらず、彼らのプリズムを通して見える世界の姿、と言ってもいい。リベラルを自認する著者は、分断の壁の向こうに住む南部ルイジアナ州のティーパーティー運動支持者らに聞き取り調査をした。それをもとにホックシールドが紡ぎだしたディープストーリーの抜粋は、次のようなものだ。

あなたは山の上へと続く長い列に並んでいる。あなたは年配の白人男性でクリスチャンだ。並んでいるのは、繁栄と安全というアメリカンドリームを手に入れるためだ。ところが、前に進むスピードが遅くなってきた。それどころか、前の列に割り込もうとしている人たちがいる。黒人、女性、移民、難民。あなたは自分が後ろに追いやられていると感じている。この国を偉大にしたのは自分たちなのに。自分の国にいながら、異邦人のような気分を味わっている。

私は二〇一四年の米中間選挙の際に、南部のルイジアナ州やミシシッピ州などで、ティーパーティー運動の支持者数十人に話を聞いたことがあった。ホックシールドの表現したディープストーリーは、まさしく彼らや、その後に取材したラストベルト（さび付いた工業地帯）の人々の思いを言葉にしたものだった。

ホックシールドの著書の原題は、*Strangers in Their Own Land*（自分の国の異邦人）というものだ。自分の国だったはずなのに、自分たちがよそ者にされてしまったかのような思い。それはまさしく、「私たちの団地」だったはずなのに、いつの間にか脇に追いやられてしまったと感じている、長年住む日本人住民たちの思いと重なる。

ホックシールドにならって、芝園団地に長く住む日本人住民たちの言葉をもとに、彼らの「ディープストーリー」を書いてみた。この中の言葉はすべて、団地の日本人住民から聞いたもので、それをつなぎ合わせた。

芝園団地は、私が人生の大半を過ごしてきた場所だ。四〇年前に私たちが引っ越してきたころは、団地には本当に活気があった。皆若くて、元気だった。仲間と旅行をしたり、いろんな催しもやったりした。団地の中では子供たちの元気な声が響き、夏のふるさと祭りは、人込みで身動きが取れないほどのにぎわいだった。

みんな歳をとって年金暮らしになった。昔のような活気がなくなって寂しい気もするけれど、ここには知っている人がたくさんいて、つながりがある。ここが、自分の居場所だと思う。

けれど、気がついてみたら知らない外国人がたくさん住むようになった。広場で遊ぶのは中国人の親子ばかりだ。聞こえてくる言葉も、私には理解できない外国語だ。商店街も、いまでは中国の店ばかりになってしまった。ふるさと祭りだって、いまでは広場の真ん中で中国人がブルーシートで場所取りをしている。私たちの居場所が、どんどん少なくなっていくようだ。

彼らは私たちに話しかけてこない。自治会にも入らない。団地の中で、自分たちの世界をつくって暮らしている。私たちのしきたりやルールを守らない人もいる。子供は日が暮れたら家に帰るべきなのに、夜遅くまで子供が広場で遊んでいる。

ここは私たちの団地のはずだったのに、すべてが変わってしまった。私たちのほうが隅に追いやられてしまったような気分だ。

二つのディープストーリーに共通するのは、ここは「私たち」の国であり、「私たち」の団地であるはずだという意識だ。

だが、「私たち」以外の視点に立ってみたらどうだろう。

たとえば米国の女性やマイノリティからみれば、こんな風に言えるはずだ。「自分たちは割り込もうとしているのではない。白人男性が優先的に列に並ぶことができた時代が終わり、不当に扱われていた自分たちも、平等に列に並ぶ権利を行使しようとしているのだ」と。

同じように、かつては日本人だけが住んでいた芝園団地も、現在は外国人も日本人と同じように住む権利があるし、実際に住んでいる。

急激な変化への不安や戸惑いから生まれる、「ここは私たちの場所だ」という思い。それは見方を変えれば、時代が変わっても、自分たちが圧倒的な支配的存在であった過去のままであってほしいという意識にも映る。

多数派の特権意識

多かれ少なかれ、団地に長く住む日本人住民の多くには、「私たちの団地だったはずなのに」という意識が残っている。この意識が変わらない限りは、本当の意味で団地が変わることはない。だが、こうした思いが強い人ほど、物理的にも心理的にもアプローチすることが難しい。単に「多文化共生社会を推進しましょう」「外国人住民と仲良くしましょう」と唱えるだけでは、彼らの心に届くことはない。外国人住民との交流イベントを企画しても、交流に関心がない人たちが自発的にやってくるわけではない。

米国やカナダで、新たにやってきた移民の定住を支援する取り組みは取材したことがあった。だが、受け入れる側の人々の意識については、どのような取り組みがされているのだろうか。

それを知りたいと思った私は、多様性や社会的公正という観点から、多数派の側にいる人々の教育に携わる米国の専門家ダイアン・グッドマンに話を聞いてみることにした。

グッドマンは各地でワークショップや講演をしており、多数派の教育に焦点をあてた著書は『真のダイバーシティをめざして』というタイトルで日本語訳も出版されている。ブシャールに会ったときと同様、家族に会うために渡米した機会に、ニューヨーク市郊外に住むグッドマンに会うことができた。

カフェで待ち合わせたグッドマンに、私は芝園団地の状況を説明した。日本人住民の間には、「ここは私たちの団地だ」という意識があること、そうした意識に対してどう向き合ったらいいのかを考えていること……。グッドマンは「あなたの言っていること、わかりますよ」といった表情でうなずきながら聞いている。

話を聞き終えたグッドマンが最初に言ったのは、「これは文化の問題であると同時に、パワー（力、権力）の問題でもありますね」ということだった。

「文化の問題とは、違いをどう理解すべきか、そうした違いとどう折り合いをつけていくかでしょう。これはパワー・ダイナミクスほどには難しい課題ではありません。一方でパワーの問題とは、ここは誰の団地なのか、誰の土地なのか、誰の国なのかといったものです。それは『特権』意識につながるものです」

グッドマンはケーキを例にとって説明した。

「あなたは人口の六割を占めるが、これまではケーキの九割を食べていた。あるとき、『これからはあなたが食べる分は六割です』と言われる。するとあなたは『なんてことだ。私のケーキが全部取られてしまった！』と感じる。実際にはすべて奪われるわけではないが、もっと取り分が多い状態に慣れていた。より公平な分配にするわけですが、取り分が少なくなった人たちは、不公平であり、取られたと感じるのです」

グッドマンが念頭に置いていたのは、アメリカ社会における白人、クリスチャン、男性といった属性の人々であり、芝園団地であれば日本人住民だ。

米国では二〇四五年ごろには白人が過半数を割り込むと予測されている。[*4] 芝園団地では、日本人住民はすでに五割を切っている。だが文字通り「日本人だけの団地」だったころから住んでいる人々の心にある「ここは私たちの団地だ」という思いが、「団地が乗っ取られる」という不安や警戒につながるのだ。

同じ権利を持つ自国民同士の問題と、自国民と外国人の間の問題を全く同列に論じることはできないかもしれない。ただ、団地住民としての権利は日本人も外国人も同じものであり、グッドマンの話は団地にも通じるものがあった。

「人間は『パワー』を失うとき、自分たちが脅かされていると感じるのです」とグッドマンは語る。では、自分たちが脅かされていると感じている人たちに、何をどう伝えればいいのか？

「そうですね、単に人々に『そのパワーを手放しなさい』というだけでは、うまくいったためしはありません」

より公平な社会の仕組みをつくりながら、不安に思う人々のニーズや心配に応える仕組みを考えることだとグッドマンは説く。

「彼らの心配とは何か。本当に必要としているものは何なのかを見極めるのです。そのためには彼らの声に耳を傾け、彼らが『自分たちの話を聞いてくれている』と感じられるようにすることです。たとえばテニスを楽しむ人たちが、すべてのテニスコートを自分たちだけで使うことはできなくなっても、自分たちがテニスをする時間と場所はきちんと確保されれば、不安は和らぐかもしれません」

グッドマンは、支配的な関係や優位性に基づかない、アイデンティティや価値観の構築も必要だと唱える。米国の白人男性を例に挙げて、こう説明した。

「白人優位や男性優位といった考え方によってアイデンティティが構築されていると、より公平な仕組みが導入されるとき、自分たちの存在自身が脅かされていると感じます。しかし、（自分の優位性を保つために）ほかの人々を犠牲にしなくても、よい人生を送ることはできるし、意味のあることを成し遂げることはできるのです」

グッドマンは自らの経験に基づいて、不安を抱く多数派にどうアプローチをするかについても、助言してくれた。

「白人に『あなたは差別をしている』と非難しても、相手は耳をふさぐだけです。相手の意見に同意しなくても、人間として接し、相手の気持ちを理解しようとして、よく耳を傾けるのです」

「私だったら、団地の交流イベントには来ないけどそれほど極端な意見を持っているわけでもない、中間的な人たちと一対一で接することから始めます。何が不安なのか、どんな気持ちなのか、話を聞くのです。次に、自分が知っている日本人と中国人を招待して、お茶でもするのもいいかもしれません」

耳を傾ける――。グッドマンはこのことを念押しするように、何度も繰り返した。

反外国人感情の芽を摘む

私が芝園団地で知り合った日本人住民のほとんどは、外国人に対する差別や偏見を公言するような人たちではない。ただ、どこにでもいる「普通の人々」の心の中にも、環境によっては外国人に対する不安や警戒感が芽生えうる。芝園団地に住んでいると、そのことを実感させられる。

では、どうしたらいいのだろうか。

岡崎さんがある日、そのヒントとなるような言葉を口にしたことがあった。

「初期のころに生活トラブルの問題に対処していれば、この団地の姿はだいぶ違ったと思います。やはり日本人住民の間には、最初のころにできたイメージが残っているんです」

早めに対処すること、つまり反外国人感情の「芽を摘む」といってもいい。

この取り組みには二つのアプローチがある。一つは日常生活での問題が起きることを防ぐための、いわば少なくとも共存していくための取り組みだ。

芝園団地を含め、外国人住民が急増した地域で起きる問題の大半は、ごみ出しと騒音に関するものだ。これに、駐車場や廊下などの共有スペースの使い方といった問題が続く。逆にいえば、こうした課題を中心に、地域のルールや習慣を外国人住民にもわかりやすく伝える取り組みを最初からしていけば、トラブルの多くは防げることになる。

さらに重要なのが、同じ場所で共に生きていく住民として、意識的にお互いの関係を構築していく取り組みだ。

互いを知る機会をつくる。一緒に何かをする。現在、「かけはしプロジェクト」が取り組んでいるような住民同士の交流活動も、外国人住民が増え始めたころから始めていれば、その後の団地のあり方はだいぶ変わっていたかもしれない。

そして、こうした取り組みの大前提となるのは、外国人住民を、同じコミュニティの一員として受け入れるという姿勢だ。

逆説的だが、「外国人住民が増えるといろいろ問題が起きるのではないか」という不安が社会の中にあるのであれば、なおのこと、距離を置いたり排除したりするのではなく、同じ社会の一員として受け入れる姿勢を示し、一員となるための支援をしていくことが近道だろうと思う。

具体的には、社会のルールやマナーをわかりやすく伝える、相手の文化や価値観を理解する、交流して互いに顔の見える関係になる機会をつくる、日本語を学ぶことを支援する、といった取り組みだ。

こうした外国人受け入れについて議論をするときにしばしば耳にするのが、「郷に入れば郷に従え」という言葉だ。日本に住む以上は、日本社会のルールやマナーを守るべきだという意味で使われることが多い。

だが、芝園団地に住むうちに「そもそも私たちは、郷に『入』れているのだろうか?」という疑問がわいてきた。

たとえば、私たちは「日本のルールや慣習に従うべきだ」と言いつつ、そもそも相手にわかるように伝えていないのではないか、ということだ。

「自分たちと違うルールや価値観で生きている人たちがいる」ということは、実際に異文化と接した経験がないと、簡単には考えが及ばないものだ。すると、「自分たちのルールを相手に伝える」というプロセスを飛ばして、「なぜルールを守らないんだ」と反応してしまうことがある。

日本では、「以心伝心」「察する」という言葉があるように、こちらが言葉で明確に伝えるよりは、相手に自分の意をくみ取ってほしいと考える文化がある。しかし、外国人と意思疎通をはかるときに、「以心伝心」とはいかない。

もう一つ、「郷に入れば郷に従え」という言葉で気になるのは、「同化」という意味合いや、そもそも社会の一員として受け入れることに否定的な意識が見え隠れするときがあることだ。

異なる文化を持つ人々とも同じ社会の一員として共生することと、一方的に自分たちの文化に従うことを求める「同化」は異なる。もちろん、外国人も守らなければならないルールがあるのは当然だ。だが、「郷に入れば……」という意識が前に出すぎると、文化的な多様性が、社会の強みや楽しさではなく排除すべき対象になりかねない。

外国人政策のパラドックス

このような、外国人住民を社会の一員として受け入れる姿勢をめぐっては、国の政策においても心配な点がある。

「受け入れない姿勢のため対応が後手に回り、結局は問題を深刻なものにする」という事例は、初期の芝園団地に限らず、日本社会で繰り返されてきた問題だ。

日本政府は一九九〇年、当時のバブル景気による人手不足解消策の一つとして、日系人を対象とした「定住者」という新たな在留資格をつくった。ブラジルなどからやってきた日系人の多くは、一定期間働いて帰国する「出稼ぎ労働者」とみなされ、定住者という視点からの支援策は十分に講じられなかった。この結果、日本で育った子供の教育支援など、想定していなかった課題が次々と表面化した。生活習慣の違いから生まれたトラブルによって、日本人住民と外国人住民の対立が起きた団地もあった。

定住してほしくないがゆえに定住支援策を講じない結果、かえって問題が起きるというパラドックスだ。

同じような心配は、これからの外国人労働者の受け入れ拡大をめぐっても存在する。

二〇一八年末、外国人労働者の受け入れを拡大するために入管法が改正された。政府はこのとき、法改正と同時に「外国人材の受入れ・共生のための総合的対応策」を取りまとめて、「政府全体で共生社会の実現を目指していく」とうたった。[*5]

一方で政府は、この入管法改正の論議の中で、「移民政策は取らない」という立場を一貫して取り続けてきた。外国人はあくまで一時的に日本で働く労働者であり、移民を受け入れるわけではない、という論理だ。

結局、法改正の議論の中で、社会の一員として外国人の定住をどう支援していくかという議論は、国会においても世論においても深まることはなかった。「総合的対応策」の中には、生活者としての外国人を支援するさまざまな策が盛り込まれているが、十分な実効性を伴うか、予算一つとっても不安は残る。

ちなみに、この入管法改正をめぐって起きた「日本は移民を受け入れるのか」という議論については、芝園団地に住みながら見ていると、すでに結論が出ている話を議論しているような感覚にとらわれた。

日本政府は「移民政策は取らない」という立場を取ったうえで、ここでいう「移民政策」について、「国民の人口に比して、一定程度の規模の外国人を家族ごと期限を設けることなく受け入れることによって国家を維持していこうとする政策」とする。[*6]

ある国が自ら定義した「移民政策」をとるかどうかと、実態としてその国に移民がいるかどうかは、別の話だ。

移民の定義は明確ではないが、英語のimmigrantの意味などから考えれば、「母国を離れて外国に行き、そこで定住する人たち」が一般的な解釈だろう。つまり、最初から三年で帰国することを決めている人や、五年しか有効期限がない在留資格の人であれば、それは一般的な意味での「移民」とは言えない。

では、芝園団地に住む中国人住民は、「移民」と言えるのだろうか。

まず、日本に五年以上住んでいれば、帰化申請ができる。また、芝園団地に多い「技術・人文知識・国際業務」の在留資格で住んでいる場合、更新をして在留期間が一〇年を超えれば、永住資格を申請できる。そして、「技人国」のビザ更新は現在、比較的容易に認められるという。

日本に永住する意思を持ち、すでに永住資格を持つか、永住への道が開かれている人たちは、「移民」と呼ぶのが自然だ。

芝園団地の住民の中には、子供たちの就学を一つのタイミングとして、団地を出てマンションや一戸建てを購入する人も少なくない。こうした家族が、一般的な「移民」の定義の範疇に入ることは明らかだ。日本政府が「移民政策を取らない」としても、すでに相当数の移民が日本にいるという現実は、芝園団地から見えてくる。

新しい「私たち」というアイデンティティ

「見えない壁」を乗り越えて、日本人と外国人が共に生きていく団地にするため、芝園団地ではさまざまな取り組みを始めている。

ごみ出しなどのルールを相手にもわかりやすく伝えて、生活トラブルが起きないようにする。相手の文化や価値観も知り、違うところがあれば折り合える点を模索する。交流のイベントや共通する趣味の活動を通じて、「日本人対中国人」という構図から「顔の見える関係」に変えていく（ステレオタイプから脱却する）、地域の活動に一緒に参加する、といった取り組みだ。

そして、単に共存するのではなく、「共生」をめざすのであれば、欠かすことのできない要素がある。それは、同じ芝園団地の住民という、日本人と外国人共通の「帰属意識」だ。いままで日本人だけで共有していた「私たちの団地」という意識に代わる、新しい「私たちの団地」という意識と言ってもいい。

日本人の側にはまだ、中国人も含めた「私たちの団地」という意識はない。

中国人の側には「芝園団地の住民」という帰属意識自体が希薄だ。

生涯住むことを想定していない賃貸住宅の場合は、もともと地域への帰属意識は希薄になりがちだ。さらに中国人住民の場合は、数年間で引っ越す人が多い。URが二〇一九年に実施した住民アンケートでは、日本人住民は居住年数「三〇年以上」が四割と最多だったのに対して、外国人住民は「二年から三年」が四割と最多で、一〇年以上はいなかった。

新しい「芝園団地の私たち」というアイデンティティ。

そうした地域単位の緩やかな帰属意識を、団地の日本人住民と外国人住民が共有することができるのか。それは、歩き始めたばかりの芝園団地にはとってはまだ、遠い先のゴールだ。

新しい「私たち」というアイデンティティの問題は、芝園団地だけでなく、日本や世界全体にも共通する課題だ。

近代の国民国家という概念は、共通の言語や文化を持つ共同体を基盤として形成されてきた歴史的経緯がある。国民国家の下での人々の「国民」という帰属意識は、国籍や民族、そして言語をはじめとする文化的な共通性から成り立ってきた。

しかし現代の国家における「国民」は、国にもよるが、より多様な民族や文化的なバックグラウンドを持つ人たちで構成されている。さらに移民の増加は、その国の定住者がすべて国籍を持つ「国民」とは限らないという状況を拡大させている。もともといた民族とは違う、外国から移住してきた新しい「国民」もいれば、国籍を持たず永住する人たちもいる。

いま、グローバル化とテクノロジーの進歩が、国民国家を揺さぶっている。

国境を越えた人や富の移動が、国民国家というシステムやその下での帰属意識との衝突を起こしている。その一つの表出が、世界で起きている反移民感情の高まりとも言える。

皮肉なのは、グローバル化によって国境が低くなればなるほど、「国民」という帰属意識は刺激され、高まるということだ。

そこに先進国の低成長と格差の拡大という要因が重なる。経済的なパイの拡大が止まったり、「持てる者」と「持たざる者」の差が広がったりする中で、現状に不満を抱く人々は、なぜ「私たち国民」よりも、後からやってきた人々や外国のために限られたパイが分配されるのかと憤る。

こうした複合的な要因の結果、国家と国民はさらに、自国と「私たち国民」の利益に敏感になっている。「アメリカ・ファースト」を掲げるトランプ米大統領は、こうした現代の状況が生んだ象徴的な存在でもある。

現代は、グローバル化と国民国家の「ずれ」が生じつつある時代だ。かといって両方の調和をはかる新しいシステムや、国民国家に代わるシステムが生まれているわけでもない。難しい過渡期にあると言える。

こうした視点で見てみると、芝園団地は現代社会が直面する課題を、凝縮した形で見せた存在とも言える。

住民の過半数が外国人という芝園団地は、いまの日本ではまだ特殊な状況だ。だが世界に目を転じれば、芝園団地のような状況は、各地の都市で見ることができる。日本でも外国人が増えていく中で、程度の差はあっても日本人と外国人が共に暮らすコミュニティが増えていくのは間違いない。

芝園団地は世界のいまであり、日本の近未来でもある。

＊注

1 ジェラール・ブシャール『間文化主義（インターカルチュラリズム）』彩流社、2017年、40〜41ページ
2 青山学院大学国際交流共同研究センター、国際シンポジウム「多文化社会の課題と挑戦——インターカルチュラリズムの可能性」報告書（2013年3月）
3 A・R・ホックシールド『壁の向こうの住民たち』岩波書店、2018年、191ページ
4 The US will become 'minority white' in 2045, Census projects, Brookings Institute, William H. Frey,

March 14 2018
https://www.brookings.edu/blog/the-avenue/2018/03/14/the-us-will-become-minority-white-in-2045-census-projects/

5　法務省「外国人材の受入れ・共生のための総合的対応策」http://www.moj.go.jp/hisho/seisakuhyouka/hisho04_00066.html

6　政府答弁書（２０１８年３月９日、衆議院議員奥野総一郎君提出外国人労働者と移民に関する質問に対する答弁書）や、安倍内閣総理大臣記者会見（２０１９年６月26日）https://www.kantei.go.jp/jp/98_abe/statement/2019/0626kaiken.html

エピローグ

団地商店街の広場に置かれた、子供たちが作った人形。日本語と中国語の言葉がある

二〇一九年、私の芝園団地での生活は三年目に入った。この年も、団地ではいくつかの変化があった。

商店街ではまた一つ、店が閉じた。

三〇年以上にわたって芝園団地住民に愛されてきた喫茶店「のんのん」だ。

最終営業日の六月三〇日には、店主の津田恭彦さんが常連客ら七〇人ほどを招待して、立食パーティーが開かれた。最後の食事を楽しみながら、一人ひとりお世話になった津田さん夫婦に、別れと感謝の挨拶をした。

日本人の常連客は、ここでしか顔を合わせない人も多い。「のんのん」の閉店は、団地の中のコミュニティのつながりが、さらに弱まることを意味する。

「明日からどこに行こうかねえ」

「寂しいねえ」

客同士、そんな会話が交わされていた。

夜七時過ぎ、外の空気を吸おうと「のんのん」を出ると、商店街の広場の一角から大声が聞こえてきた。中国人の男性数人がもみ合いになっている。私は立ち止まる大勢の人たちと一緒に、少し離れたところでその様子を見守っていた。

騒ぎを見守る私たちの前を、スーパーマーケットで買い物を済ませた初老の男性が通りがかった。男性は立ち止まり、にらみつけるように騒ぎを見ている。

やがて男性は自転車に乗り込むと、去り際に「この国から出ていけよ！」と声を張り上げた。その一言で、広場には喧嘩とは別の緊張が走った。

騒ぎを聞きつけて、「のんのん」にいた日本人客も出てきた。近くにいた中国人男性の一人が、流暢な日本語で私たち日本人に実況解説を始めた。これもまた、芝園団地らしい光景だ。

「なんて言っているの？」

「あ、いま『警察を呼ぶ』って言ってますね」

「中国人の喧嘩は、あんまり殴り合ったりはしないんだね」

「あれは殴り合いにならないように、周りが止めているんですよ」

解説をしてくれた中国人によると、中国料理店で酒に酔った男性客が別の客とトラブルになり、ほかの中国人が引き離そうとして、もみ合いになっているらしい。

騒ぎは一五分ほどしてようやく収まった。

警察官が到着して現場にいた人たちから事情を聴き始めたころ、喧嘩の一方の当事者である若い男性が地面に仰向けになり、「ギャー」と叫び声とも泣き声ともつかない大声を上げ始めた。

最初から状況を見ていた中国人男性たちが、警察官に状況を説明していた。

「あの人はわざと倒れています。騙されちゃだめですよ」

「中国人として恥ずかしい。子供も見ているのに。早く連れて行ってください」

周りにいたほかの中国人たちも、冷ややかな視線を送っていた。

「のんのん」に戻ろうとすると、あの「この国から出ていけよ！」と声を張り上げた男性が店の外に腰かけているのに気づいた。缶チューハイを片手に、ほかの男性二人と騒ぎを見守っている。

話を聞こうと近づいたとき、はじめて気づいた。男性たちが話している言葉は、日本語ではなかった。

隣に座って話しかけると、近所に住むバングラデシュ人だという。三〇年以上日本に住んでいて、この日は団地に住んでいる同郷の友人を訪れたところだった。芝園団地には二〇世帯ほどだがバングラデシュ人も住んでいて、私も顔見知りが二人いる。

「あれは中国人でしょう。外国人全体のイメージが悪くなるから、迷惑ですよ。日本の警察も優しすぎますね」

男性は苦々しい表情を浮かべながら語った。

この日は広場で、いろんな人と会う日だった。

男性と話しているところに、今度は友人のIT関連会社を経営する王世恒さんが通りがかった。子供を三輪車に乗せて遊ばせているところだった。

「何があったんですか？」

中国人を批判していたバングラデシュ人男性と三人で話すわけにもいかない。

少し離れたところで、経緯を説明した。「そういう嘘をついたら、罪になるんじゃないですか？」。王さんは仰向けになっている男性に目線をやってから言った。

王さん一家は近く、団地から引っ越すことになっていた。「住みたい街ランキング」の上位に入る街にあるマンションの、高層階の部屋を購入したという。

「ここです」と見せてくれたスマホの画面には、見上げるような高さの高層マンションが写っていた。

三〇年以上続いた喫茶店の閉店を惜しむ、七〇歳を過ぎた日本人常連客たち。

酒に酔って騒ぎを起こした男性。それを「中国人の恥だ」と非難する別の中国人たち。

この地に根を下ろしたバングラデシュ人。これから別の土地に根を下ろそうとする中国人。

小さな広場にいろんな人たちが集った、芝園団地の一日だった。

変わったのは商店街だけではない。自治会のメンバーも変わった。

自治会長の韮澤さんは、会長の職を退いた。二〇一八年の晩秋に頭部の手術をした後、体の一部に後遺症が残り、会長の仕事を続けることが難しくなったからだ。しばらく入院していたが、いまは団地に戻ってリハビリを続けている。

新しい自治会長には、副会長を務めていた真下徹也さんが就任した。

真下さんはもともと、中国人住民との交流については慎重な立場だ。

会長として、会員になった中国人も自治会の行事に歓迎するつもりがあるか、真意を聞いてみた。

「それは臨機応変に、自分たちも頭の切り替えをして、向こうの人たちにある程度寄せていくような考えを持たないと、いつまでたっても平行線だ。誰かが乗り越えないといけない。一歩踏み出さないと何も始まらないからね」

岡﨑さんや学生たちとの意見の違いはなおあるが、全くの平行線というわけではなさそうだ。

新たな役員も誕生した。

その一人が、ふるさと祭りでやぐらの組み立てを手伝ってくれた、楊思維さんだ。役員を務めていた中国人男性が引っ越したので新たな中国人の役員を探していたところ、「私でよければ」と引き受けてくれたのだ。

毎年引っ越しなどで人が入れ替わるのが悩ましいところだが、少なくとも中国人役員が一人いる状態は、ここ数年続いている。ほかの日本人役員も慣れてきて、初顔合わせのときも「よろしくね」とごく自然に受け入れた。

もう一人、西アフリカのガーナ出身の大寿（おうす）アレキサンダーさんも、新たに役員に就任した。蕨市の学校などで英語指導助手をしている。「かけはしプロジェクト」の交流イベントに来たときに岡崎さんが知り合って、役員を依頼した。

五〇代で、落ち着いた雰囲気のある大寿さんは「アレックスと呼んでください」と流暢な日本語で自己紹介をした。

中国人役員には慣れたほかの役員たちも、アフリカ出身の団地住民と顔を合わせるのは初めてだ。「岡崎くんがいきなり連れてくるから、びっくりしちゃったよ」と福島さんは後で言った。

とはいえ、大寿さんは帰化をした日本人だ。

「団地の住民」だけでなく、「日本人」のあり方もまた、変わりつつある。

新体制の下で、ふるさと祭りもその姿を変えた。

二〇一九年八月の祭りでは、解体した巨大なやぐらに代わって、隣のマンション「芝園ハイツ」から借りてきた小さなやぐらを広場の真ん中に組んだ。祭りの期間も二日間から一日に短縮した。高齢化が進む自治会役員や手伝ってくれる住民の負担を軽くするためだ。

当日は三五度を超える猛暑で日中の人出こそ少なかったものの、夕方になり、団地を拠点に活動する「芝園太鼓」の力強い太鼓の音が団地内に響くと、どんどん人が集まってきた。

会場の広場を歩いていると、娘や孫と一緒に遊びに来ていた、住民の秦美浜さんと顔を合わせた。日本語教室で知り合った、黒竜江省出身の残留孤児二世の女性だ。

日本人と中国人が協力してこの祭りを続けてほしいという秦さんは、「若い中国人住民の中には手伝う気持ちがある人もいるはず。ただ、どうやって手伝ったらいいのか、わからないのだと思う」と語りかけてきた。

夜八時過ぎまで続いた祭りは、盆踊りで締めくくられた。最後に、今年の実行委員長を務めた岡崎さんが挨拶をした。

「ふるさと祭りは自治会を中心にボランティアで運営してきましたが、来年もできるかどうかはわかりません」

こう切り出した岡崎さんは、「来年も祭りができるとしたら、皆さんと一緒になって力を合わせてできればと願っています」と呼びかけ、楊さんが中国語に通訳をした。

すべての催しが終わった後、いつもの年と同じように、広場の一角で簡単な打ち上げをした。

初めて盆踊りの輪に加わった楊さんは「太鼓が特によかったですね。私もやってみたくなりました」と言った。

楊さんは私に尋ねた。

「祭りはもう終わってしまうんですか？」

「楊さんは、来年もやったほうがいいと思いますか？」

「やったほうがいいと思います」

私は答えた。「そうですよね。やりましょう」

とはいえ、来年もふるさと祭りをやるかどうかは、まだ最終的な結論は出ていない。

「こんな小さなやぐらで祭りをやっても仕方がない。去年で終わりにすればよかった」「祭りに来るのが、知らない顔ばっかりになった」。そんな声も出た。

日本人住民が高齢化し、外国人住民が増える芝園団地。

もし、ふるさと祭りがこれからも続くとしても、同じ姿ではないだろう。だが、変化に適応していかなければ、祭りは終わるかもしれない。

芝園団地は、日本が直面する変化の最前線で、今日も試行錯誤を続けている。

あとがき

本書を執筆するにあたって最初に考えたのは、自分の「立ち位置」をどこに置くかだった。社会学者や文化人類学者が行う調査方法の一つに「参与観察」というものがある。調査対象となる集団や社会の一員として参加しながら、調査をする手法だ。参与観察の目的は、あくまでも「観察」であり、「参与」はそのための手段だ。

ジャーナリストが取材のため一つの場所に長期間滞在するときも同じだ。目的はあくまでも取材して書くことであり、そこに滞在することは手段だ。

ところが今回は少し違った。プロローグでも触れた通り、芝園団地に住むきっかけは、家族が暮らす米国社会の変容に危機感を抱いたという個人的なものだった。外国人との共生社会のあり方は、ジャーナリストとしての関心であると同時に、マイノリティとして生きる子を持つ親という、当事者としての課題でもある。

私は調査や取材の対象として一時的に暮らすのではなく、普通に生活する場として、いまもこの団地に暮らしている。知人や同僚からは「いまもあの団地に住んでいるの？」と聞かれることがある。そのたびに「普通に住んでいますよ。結構気に入っているんです」と答えている。

結果として、本書は観察者としての視点と、生活者（当事者）としての視点の両方が入ったものとなっている。どちらか一方の視点で書き通すことも考えたが、両方の視点があることによって伝えられることもあるのではないかと思い、あえてこのような書き方にした。

芝園団地やほかの外国人集住地域に関する報道や研究は少なくない。本書に独自性があるとすれば、外国人住民が増えた地域で暮らす日本人の「感情」に焦点を当て、掘り下げようと試みたことにあると思う。

外国人に対する不安や不満といった住民感情は、否定するだけでその人たちの心から消えていくものではない。向き合い、そうした感情を生み出す根源を探る。そのことに意味があるはずだという思いは、この団地に住む中で、そして世界でますます反外国人・移民感情が広がる中で強まっていった。

芝園団地のことを最初に書いたのは、朝日新聞ＧＬＯＢＥに掲載された記事「芝園団地」（二〇一八年六月号）だ。その後、朝日新聞のデジタルメディア「ＧＬＯＢＥ＋」でも、「芝園日記」というタイトルで不定期に文章を書いている。本書にはこれらの記事の一部内容も取り込んでいるが、ほぼ全文を新たに書き下ろしたものだ。

芝園団地自治会の皆さん、そして芝園団地に住む多くの日本人と中国人の方々の協力で、本書は完成した。ありがとうございました。出版の提案をしてくださった明石書店の深澤孝之さん、朝日新聞社の方々にも御礼を申し上げたい。

最後に、いつものように筆の遅い筆者を励ましてくれた、米国に住む家族に感謝したい。この本を執筆中、前妻と「どちらの国で生きるのが子どもたちにとって幸せだったか」という話をしたことがあった。日本で生まれ、米国で育った大学生の長女と高校生の長男はいま、米国で生活をしながら年に一回ほど日本を訪れている。これからも米国で生きつつ、日本という国との縁も、何らかの形で持ち続けることになるだろう。

米国と日本どちらの国も、私たちの子どものような外国にルーツを持つ人たちが、幸せに生きられる社会であってほしい。

二〇一九年八月

芝園団地にて　　大島　隆

参考文献

アーネスト・ゲルナー『民族とナショナリズム』岩波書店、二〇〇〇年
稲葉佳子ほか『公営住宅における外国人居住に関する研究』住宅総合研究財団研究論文集No.35、2008年版
稲葉佳子ほか『公営住宅および都市再生機構の賃貸住宅における外国人居住に関する研究』日本建築学会計画系論文集第75巻第656号、二〇一〇年
岡﨑広樹「芝園団地『共生』への挑戦」『中央公論』二〇一九年六月号、中央公論新社
岡崎広樹「共存から共生へ、試行錯誤の日々」『Jounalism』二〇一九年五月号、朝日新聞社
倉八順子『対話で育む多文化共生入門』明石書店、二〇一六年
ジェラール・ブシャール／チャールズ・テイラー編『多文化社会ケベックの挑戦』明石書店、二〇一一年
スティーブン・カースルズ／マーク・J・ミラー『国際移民の時代』名古屋大学出版会、二〇一一年
ダイアン・J・グッドマン『真のダイバーシティをめざして』上智大学出版、二〇一七年
芹澤健介『コンビニ外国人』新潮社、二〇一八年
田所昌幸『越境の国際政治』有斐閣、二〇一八年
樽本英樹ほか『排外主義の国際比較』ミネルヴァ書房、二〇一八年
中島恵『日本の「中国人」社会』日本経済新聞出版社、二〇一八年
中野裕二ほか『排外主義を問いなおす』勁草書房、二〇一五年
西日本新聞社『新 移民時代』明石書店、二〇一七年
西原和久『トランスナショナリズムと社会のイノベーション』東信堂、二〇一六年
原沢伊都夫『異文化理解入門』研究社、二〇一三年

東自由里／進藤修一『移民都市の苦悩と挑戦』晃洋書房、二〇一五年
藤巻秀樹『「移民列島」ニッポン』藤原書店、二〇一二年
ベネディクト・アンダーソン『定本 想像の共同体』書籍工房早山、二〇一二年
毛受敏浩『限界国家』朝日新聞出版、二〇一七年
望月優大『二つの日本』講談社、二〇一九年
森千香子『排除と抵抗の郊外』東京大学出版会、二〇一六年
安田浩一『団地と移民』KADOKAWA、二〇一九年
八代京子ほか『異文化トレーニング』三修社、二〇〇九年
山下清海ほか『世界と日本の移民 エスニック集団とホスト社会』明石書店、二〇一六年
ロジャース・ブルーベイカー『グローバル化する世界と「帰属の政治」』明石書店、二〇一六年
Phil Wood, *Intercultural Cities*, Council of Europe, 2009
White Paper on Intercultural Dialogue, Council of Europe, 2008

◎著者略歴
大島 隆（おおしま・たかし）
1972年、新潟県生まれ。朝日新聞政治部記者、テレビ東京ニューヨーク支局記者、朝日新聞ワシントン特派員、国際報道部次長、GLOBE副編集長を経て政治部次長。この間ハーバード大学ニーマン・フェロー、同大ケネディ行政大学院修了。大学時代に中国人民大学に1年間留学。著書に『アメリカは尖閣を守るか』（朝日新聞出版）。
メールアドレスは、takashi.oshima1@gmail.com

芝園団地に住んでいます
――住民の半分が外国人になったとき何が起きるか

2019年10月1日　初版第1刷発行
2022年3月1日　初版第3刷発行

著　者　大　島　　隆
発行者　大　江　道　雅
発行所　株式会社　明石書店
〒101-0021　東京都千代田区外神田6-9-5
電　話　03（5818）1171
FAX　03（5818）1174
振　替　00100-7-24505
http://www.akashi.co.jp
装丁　清水　肇
印刷・製本　モリモト印刷株式会社

（定価はカバーに表示してあります）

ISBN978-4-7503-4894-0

包摂・共生の政治か、排除の政治か
移民・難民と向き合うヨーロッパ
宮島喬、佐藤成基編 ◎2800円

フランス人とは何か 国籍をめぐる包摂と排除のポリティクス
パトリック・ヴェイユ著
宮島喬、大嶋厚、中力えり、村上一基訳 ◎4500円

現代ヨーロッパと移民問題の原点
1970、80年代、開かれたシティズンシップの生成と試練
宮島喬著 ◎3200円

日本社会の移民第二世代 エスニシティ間比較でとらえる「ニューカマー」の子どもたちの今
清水睦美、児島明、角替弘規、額賀美紗子、三浦綾希子、坪田光平著
世界人権問題叢書 103 ◎5900円

日本の移民統合 全国調査から見る現況と障壁
永吉希久子編 ◎2800円

移民の人権 外国人から市民へ
近藤敦著 ◎2400円

多文化共生と人権 諸外国の「移民」と日本の「外国人」
近藤敦著 ◎2500円

移民政策のフロンティア 日本の歩みと課題を問い直す
移民政策学会設立10周年記念論集刊行委員会編 ◎2500円

アンダーコロナの移民たち
日本社会の脆弱性があらわれた場所
鈴木江理子編著 ◎2500円

【増補】新 移民時代 外国人労働者と共に生きる社会へ
西日本新聞社編 ◎1600円

移民が導く日本の未来 ポストコロナと人口激減時代の処方箋
毛受敏浩著 ◎2000円

自治体がひらく日本の移民政策
人口減少時代の多文化共生への挑戦
毛受敏浩編著 ◎2400円

姉妹都市の挑戦 国際交流は外交を超えるか
毛受敏浩著 ◎2400円

外国人と共生する地域づくり
大阪・豊中の実践から見えてきたもの
とよなか国際交流協会編集 牧里毎治監修 ◎2400円

国際理解教育 教育と実践、交流を通じて国際理解教育の発展をはかる
日本国際理解教育学会編 【年1回刊】 ◎2500円

移民政策研究 移民政策の研究・提言に取り組む研究誌
移民政策学会編 【年1回刊】

〈価格は本体価格です〉

ルポ コロナ禍の移民たち

室橋裕和［著］

◎四六判／並製／296頁　◎1,600円

コロナ・ショックは移民社会をどう変えたか。気鋭のルポライターが訊いた、日本で生きる外国人ならではの偽らざる本音と生き抜き方——。2020年から21年末までの取材成果を結集。苦悩、絶望、悲惨さだけじゃない、ポジティブでしたたかな姿も垣間見えた旅の記録。

《内容構成》

〈価格は本体価格です〉